기독교문서선교회 (Christian Literature Center: 약칭 CLC)는 1941년 영국 콜체스터에서 켄 아담스에 의해 시작되었으며 국제 본부는 미국 필라델피아에 있습니다.
국제 CLC는 59개 나라에서 180개의 본부를 두고, 약 650여 명의 선교사들이 이동 도서차량 40대를 이용하여 문서 보급에 힘쓰고 있으며 이메일 주문을 통해 130여 국으로 책을 공급하고 있습니다. 한국 CLC는 청교도적 복음주의 신학과 신앙 서적을 출판하는 문서선교기관으로서, 한 영혼이라도 구원되길 소망하면서 주님이 오시는 그날까지 최선을 다할 것입니다.

추천사 1

이 후 정 박사
전, 감리교신학대학교 총장·한국웨슬리학회 회장·한국교회사학회 회장
현, 감리교신학대학교 석좌교수

　류재성 박사가 금번에 번역한 『간추린 메도디스트 핵심 교리』(Methodist Doctrine: The Essentials, Revised Edition)의 출간을 진심으로 기쁘게 여기며 역자의 노고를 깊이 치하한다.
　이 책은 미국 연합감리교회의 저명하고 탁월한 역사신학자 테드 A. 캠벨(Ted A. Campbell) 교수의 역작으로서, 웨슬리안 전통을 가진 감리교회(메도디스트)의 여러 지류 및 동일한 전통을 공유한 성결교회, 나사렛교회, 구세군 등의 교리, 신학의 특징들을 분명히 파악하는 데 큰 도움을 줄 수 있을 줄 믿는다.
　나아가 다른 주류 개신교들인 루터교, 장로교, 침례교 등뿐만 아니라 로마 가톨릭교회, 동방정교회 등 큰 기독교 교단들과의 대화와 상호관계, 차이에 대해서도 일목요연한 핵심들을 제시해 주는 요긴한 책이 될 것이다.
　테드 A. 캠벨은 나의 아주 오랜 친구로서 영국 옥스퍼드대학교에서 5년마다 열리는 전 세계 메도디스트 계통 신학자들의 학술대회(Oxford Institute of Methodist Theological Studies)에서 90년대 이후로 함께 활동해 왔다. 1997년에는 웨슬리 연구 워킹 그룹의 컨비너(좌장)를 둘이서 함께 한 적도 있다.

여러 이유로 같은 분야의 학문적 관심을 공유한 우리는 계속 친교와 우정을 나누어 오던 중, 작년에 한국웨슬리안지도자협의회가 개최한 국제학술대회에 내가 추천하여 대표 키노트스피커로 와서 좋은 강연을 해 준 적도 있다. 예전에도 여러 번 한국에 와서 강연했는데, 친구로서 통역도 해 주면서 오랜만에 즐거운 시간들을 가졌던 기억이 있다. 따라서 금번 출간을 저자도 아주 기쁘게 여길 줄로 믿는다.

류재성 박사의 수고와 정성을 기울인 번역 작업으로 이 소중한 책이 한국교회에 소개됨으로써, 기독교 신학과 교리의 더 넓고 깊은 이해에 크게 이바지하게 될 줄 믿는다. 많은 독자가 이 책을 읽고 신앙과 삶에 유익한 열매들을 풍성하게 맺기를 간절히 소망한다.

박창훈 박사
서울신학대학교 교회사 교수, 한국웨슬리학회 회장

웨슬리 형제와 감리교 연구에 있어서 권위 있는 학자이며, 웨슬리안 신학을 오랫동안 가르쳐 온 테드 A. 캠벨 교수의 『간추린 메도디스트 핵심 교리』는 메도디스트라고 불리는 웨슬리안의 가르침이 치열한 역사와 다양한 공동체 경험을 통해 독특한 강조점과 현대 사회에의 실제 적응성을 지녔다는 사실을 분명히 알려 준다.

더욱이 이 책은 한국 개신교 교회 내에서 비교적 큰 목소리를 내고 있는 개혁주의 및 다른 기독교 전통과 비교해 볼 때 그리스도교 교회 일반에 대한 웨슬리안 신학의 요점이 무엇인지를 비교적 쉽게 이해할 수 있도록 돕는다. 그뿐만 아니라 현재 세계 기독교(World Christianity)를 향해 뚜렷한 기여를 하고 있는 그 보편적 근거와 이유 그리고 가능성을 깨닫게 한다.

웨슬리 신학 및 교리 발전사에 관심이 있는 이들에게 필히 일독을 권한다.

추천사 3

허천회 박사
토론토대학교 낙스신학대학원 겸임교수, 토론토 말씀의교회 담임목사

2020년 2월, 나는 『웨슬리의 생애와 신학』(CLC 刊) 출판 및 출판 기념회 시기에 맞춰 한국행 비행기에 몸을 실었다. 그때 내 손에 들려 있던 책은 테드 A. 캠벨 교수의 『간추린 메도디스트 핵심 교리』 원서였고 비행기 안에서 그 책을 단숨에 읽은 기억이 생생하다.

캠벨 교수는 이미 『웨슬리와 기독교 고전』(John Wesley and Christian Antiquity)이란 책을 통해 존 웨슬리가 기독교 고전을 충실히 계승한 위대한 신학자였다는 사실을 소상히 밝혀 준 바 있다.

목회자요 신학자인 그는 하나의 공동체로 태동한 메도디스트가 다양한 교단으로 갈라져 있다는 한 가지 문제와 메도디스트 교리가 평신도들의 눈에 난해하게 비춰질 수 있다는 또 다른 문제를 발견하고, 이 두 가지 문제를 『간추린 메도디스트 핵심 교리』에서 단번에 해결한다.

북미 메도디스트 신학 전통 속 다양한 교단이 공유하고 있는 웨슬리의 신학 및 교리 발전사를 쉽고 간결하게 정리한 역작을 번역해 준 류재성 박사에게 감사를 표하며 일독을 권한다.

배 덕 만 박사
기독연구원느헤미야 교회사 교수, 백향나무교회 담임목사

　장로교회가 지배적인 한국 교회에서 감리교회는 신학과 목회, 부흥과 개혁, 선교와 정치 면에서 대단히 중요한 역할과 공헌을 해 왔다. 특히, 감리교회는 존 웨슬리를 중심축으로 성결교회 및 오순절교회에도 결정적인 영향을 끼쳤다. 그럼에도 불구하고 한국 교회 안에서 감리교회의 역사와 신학, 영성과 실천, 제도와 조직 등에 대한 이해는 매우 낮은 수준에 머물고 있다.
　그 결과 불필요한 오해와 갈등이 발생하여, 그리스도인들 안에서 신앙적 연대, 신학적 협력, 목회적 공존이 결코 쉽지 않은 상황이다. 이런 현실에서, 류재성 박사가 번역한 테드 A. 캠벨의 『간추린 메도디스트 핵심 교리』는 한국 교회를 위한 소중한 선물임에 틀림없다. 미국의 주요 감리교회들이 공유하는 핵심 교리를 짧은 분량으로 탁월하게 정리했기 때문이다. 특히, 주요 자료들에 대한 해박한 지식, 복잡한 쟁점들에 정확한 분석, 논리적이고 평이한 문장 등이 돋보인다.
　한국 교회 안에서 성도 간의 성숙한 교제와 교리적 이해를 추구하는 이들에게 일독을 권한다.

그레고리 G. M. 잉그램 감독(Bishop Gregory G. M. Ingram)
African Methodist Episcopal Church 감독

테드 A. 캠벨 박사는 학자, 교사, 연합감리교회의 선임장로로서 사려 깊고 상상력이 풍부한 사상가이다. 메도디스트 전통과 교회사 연구에서 선도적 위치에 있는 캠벨 박사는 『간추린 메도디스트 핵심 교리』를 가지고 우리를 찾아왔다.

이 책의 내용을 보면 그 풍부한 내용에 놀라지 않을 수 없으며, 우리가 믿는 바에 대한 다양한 주제가 이해하기 쉽게 정리/종합되어 있음을 알 수 있다. 이 책은 중요하다. 특히, 메도디스트 전통에 속한 목회자와 평신도의 필독서로 추천한다.

간추린 메도디스트 핵심 교리

Methodist Doctrine The Essentials, Revised Edition
Written by Ted A. Campbell
Translated by Jaesung Ryu

Copyright © 1999, 2011 by Abingdon Press (UMPH)
Originally published in English under the title
Methodist Doctrine The Essentials, Revised Edition
Published by Abingdon Press (UMPH),
810 12th Avenue South Nashville, Tennessee 37203 USA.
All rights reserved.

Translated and printed by permission of Abingdon Press (UMPH)
This Korean edition published in arrangement with Abingdon Press (UMPH) through Riggins Rights Management.
All rights reserved.
Korean Edition Copyright © 2024 by Christian Literature Center, Seoul, Korea.

간추린 메도디스트 핵심 교리

2024년 7월 5일 초판 발행

지 은 이 | 테드 A. 캠벨
옮 긴 이 | 류재성

편　　집 | 전희정
디 자 인 | 서민정, 소신애, 박성준
펴 낸 곳 | (사)기독교문서선교회
등　　록 | 제16-25호(1980. 1. 18.)
주　　소 | 서울특별시 동대문구 천호대로71길 39
전　　화 | 02-586-8761~3(본사) 031-942-8761(영업부)
팩　　스 | 02-523-0131(본사) 031-942-8763(영업부)
이 메 일 | clckor@gmail.com
홈페이지 | www.clcbook.com
송금계좌 | 기업은행 073-000308-04-020　(사)기독교문서선교회
일련번호 | 2024-76

ISBN 978-89-341-2708-6 (93230)

이 한국어판 저작권은 Riggins Rights Management 에이전시를 통해 Abingdon Press (UMPH)와 독점 계약한 (사)기독교문서선교회가 소유합니다. 신저작권법에 의하여 한국 내에서 보호받는 저작물이므로 무단 전재와 무단 복제를 금합니다.

간추린
메도디스트
핵심 교리

Methodist Doctrine The Essentials

REVISED EDITION

테드 A. 캠벨 지음 | 류재성 옮김

CLC

목차

저자 서문	11
역자 서문	14
개요 메도디스트와 교리	17
제1장 기독교의 권위	45
제2장 하나님, 그리스도, 성령	53
제3장 인간 본성과 구원	63
제4장 웨슬리의 독특한 교리, "구원의 길"	70
제5장 교회, 사역, 성례전	84
제6장 심판, 영생, 하나님의 통치	104
제7장 메도디스트 교리와 정신	109
부록 사도신경, 〈종교강령〉, 〈총칙〉의 전체 텍스트	128
참고 문헌	143
용어집	146

저자 서문

테드 A. 캠벨(Ted A. Campbell) 박사
Perkins School of Theology 교회사 교수

이 책은 단순하고 명료한 책이다. 이 책의 주요 목적은 메도디스트 교리의 역사적 가르침을 매우 간결하고 명확하게 제시하는 것이다. 따라서 이 책을 통해 필자가 개관한 메도디스트 교리의 내용보다 더 풍부한 이해, 더 자세한 예시, 더 복잡한 논증을 위해서는 일종의 보충서라고 할 수 있는 스콧 J. 존스(Scott J. Jones) 교수의 『연합감리교 교리』(*United Methodist Doctrine*)와 각 장의 미주(尾註)에 배치된 '추가 참조'를 읽어 볼 것을 권한다.

초기 메도디스트 역사는 메도디스트인들의 신앙과 경험, 그리고 가르침이 적절하게 문서화되지 못한 기간이 있었음을 보여 준다. 따라서 이를 제대로 기록하고 문서화하는 작업이 중요하다. 이 책에서 필자가 시도하는 것도 사실 이 기록 작업 곧 문서화 작업과 관련이 있다.

이 책은 웨슬리안 신앙과 신학적 유산, 그리고 초기 메도디스트인들의 신앙, 경험, 가르침에 기초한 저작물이며, 메도디스트 전통의 교리적 표준과 일치하는 자료를 담고 있다. 그러나 상대적으로 접근하기 어려운 자료도 담고 있다. 이러한 이유로 필자는 이 자료들 중 비교적 접근성이 낮거나 어려운 것들에 위첨자 단검(†)을 붙여 둔 뒤, 각 장의 맨 끝에 있는 '참조' 및 '추가 참조'의 섹션에서 이에 대한 추가 설명을 덧붙이도록 할 것이다.

이 책을 활용하는 팁으로 이 책 말미에 첨부한 용어집 활용을 적극 추천한다. 이 책에서는 중요한 약어를 많이 사용하고 있다. 따라서 용어집을 활용하여 그것이 무엇인지 정확하게 이해하는 것이 좋다.

아울러 이 책의 부록을 참고하는 것도 중요하다. 필자는 이 책의 부록에 북미 메도디스트 전통의 주요 교단인 아프리카감리교감독교회(African Methodist Episcopal Church, 이하 AME), 아프리카감리교성공회 시온교회(African Methodist Episcopal Zion Church, 이하 AME Zion), 그리스도교감리교회(Christian Methodist Episcopal Church, 이하 CME), 연합감리교회(United Methodist Church, 이하 UMC)에서 세 가지 교리적 표준으로 승인한 사도신경(Apostles' Creed), 〈종교강령〉(Twenty-Five Articles of Religion)[1], 〈총칙〉(General Rules)[2]의 전문을 다 실어 두었다.

이 책의 발간을 위해 애써 주신 많은 분과 단체에 감사 인사를 드린다. 특히, 연합감리교회(UMC)의 캔자스 감독 주재 지역을 관할하고 있는 스콧 J. 존스(Scott J. Jones), '사회행동을 위한 감리교연맹'(Methodist Federation for Social Action)의 전무이사직을 맡았던 조지 맥클레인(George McClain), 멤피스신학교

---

[1] 역자 주: 〈종교강령〉(Twenty-Five Articles of Religion)은 잉글랜드국교회 초기에 『공동기도서』(Book of Common Prayer)를 만든 캔터베리의 대주교 토머스 크랜머(Thomas Cranmer)가 잉글랜드국교회의 신앙적 기초(토대)를 세우기 위해 작성한 '39개 조항'(Thirty-Nine Articles of Religion)을 웨슬리가 개정한 것이다. 이 개정은 미국의 독립 이후 미국의 감리교회가 잉글랜드국교회로부터 분리되어야 한다는 상황적 요구 때문에 이루어졌다.

[2] 역자 주: 초기 메도디스트 부흥 운동의 동인(動因)으로 웨슬리의 야외 설교와 전격적 회심을 강조하는 열광적 부흥 집회를 손꼽는 이들이 적지 않다. 하지만 이는 초기 메도디스트 운동의 단편적인 모습일 뿐이고, 더 중요한 것은 이렇게 대중적 대규모 집회나 옥외 운동을 결합시킨 웨슬리의 신도회(Society) 조직 및 운영이라고 할 수 있다. 웨슬리는 그의 야외 설교를 통해 모여든 수많은 개종자가 이전 상태로 되돌아가지 않도록 신도회를 조직하여 체계적으로 지도하고, 또 지역 단위로 묶어 연합신도회(United Society)를 구성하기도 했다. 더욱이 그는 이렇게 구성된 연합신도회 조직을 더욱 잘 관리하고 또 지도/감독하기 위해 통일된 규칙을 만들어 발표하기도 하는데, 그것이 바로 1743년 5월 1일에 출간된 『연합신도회의 성격, 형태 그리고 규칙』(The Nature, Design and General Rules of the United Societies, 이하 총칙)이다.

(Memphis Theological Seminary)의 제프리 그로스(Jeffrey Gros) 형제에게 감사 인사를 드린다. 그들은 이 책의 초안을 읽고 많은 논평과 의견을 제시해 주었다. 그들의 수고와 값진 노고에 재차 감사 인사를 드린다.

또한, 필자는 록빌(Rockville) 연합감리교회의 '페이스앤펠로십'(Faith and Fellowship) 학급과 '페이스링크'(Faithlink) 학급에 감사 인사를 드린다. 그들은 1998년 5월과 6월에 이 책의 초안을 읽었고 그들의 독해, 서평, 제안은 필자가 이 책의 전체 내용을 재구성하는 데 큰 도움이 되었다.

이 개정판에는 메도디스트 교리에 대한 최근 연구 및 참고 자료가 포함되어 있다. 일찍이 초판에서는 각 장 끝에 '참고 자료 및 참조' 단락으로 에둘러 정리해 두었던 것을 이번 개정판에서는 먼저 '참조'로 분류한 뒤, '추가 참조'를 새로이 덧붙여 보다 상세한 자료 제시에 있어서 만전을 기했다.

이번 개정판에서는 존 웨슬리의 저서를 공부하고자 하는 독자들을 위해 각 장 좌우 끝에 관련 도서 및 페이지 번호도 부여했다. 참고로 필자가 참조한 이 자료들 가운데 웨슬리의 저서는 "웨슬리 선집"(*A Wesley Reader*)이란 이름으로 묶여 있으며, 이는 www.tuckapaw.com에서 무료로 다운받을 수 있다.

필자는 독자들이 이 책을 통해 메도디스트인들도 다른 기독교인들과 마찬가지로 그들 사이에 공통된 믿음이 존재한다는 사실을 배우고, 기독교의 오랜 전통 속에서 메도디스트 교리의 신학적 위치가 어디인지를 좀 더 명확히 알게 되기를 바란다. 그리하여 그들의 신앙이 견고한 기초 위에 더욱 경성해지고, 기독교 전통과 메도디스트 교리 사이의 더 큰 일치라는 오래된 목표도 하루 속히 실현될 수 있기를 소망한다.

역자 서문

류 재 성 박사
서울신학대학교 목회신학연구원과 경인신학교 외래교수

테드 A. 캠벨(Ted A. Campbell)은 텍사스주 댈러스에 있는 서던메도디스트대학교(Southern Methodist University) 퍼킨스신학대학원(Perkins School of Theology)의 교회사 교수이며 『웨슬리안 신앙: 웨슬리안 공동체의 핵심 신앙에 대한 공식적이고 대중적인 표현』(Wesleyan Beliefs: Formal and Popular Expressions of the Core Beliefs of Wesleyan Communities)의 저자이다.

캠벨 교수는 기독교 교회의 가르침인 교리를 배우는 것이 참으로 중요하며, 다른 기독교인들과 마찬가지로 메도디스트인들도 자신이 믿고 있는 바가 무엇인지, 그리고 왜 그것을 믿고 있는지를 온전히 알 필요가 있다고 가르친다.

『간추린 메도디스트 핵심 교리』(Methodist Doctrine: The Essentials, Revised edition)는 간결하고 이해하기 쉬운 책이다. 이 책에서 캠벨 교수는 기독교 교리의 목적을 간략히 개괄한 다음, 현재 북미의 여러 메도디스트 교단(예: 아프리카감리교감독교회[AME], 아프리카감리교성공회 시온교회[AME Zion], 그리스도교감리교회[CME], 연합감리교회[UMC])에서 가르치고 있는 교리, 신앙고백, 교훈, 윤리 등을 종합적이고 체계적으로 정리한다.

『간추린 메도디스트 핵심 교리』는 대체로 기독교 신앙과 교리, 윤리의 기초가 되는 하나님, 그리스도, 성령, 인간 구원을 다루지만, 웨슬리의 관점에서 특별히 강조된 교리. 예를 들어, 구원의 길(회심/칭의/성화), 하나님의 은혜(선행 은총/칭의 은총/성화 은총), 사회적 성화, 교회의 네 가지 속성, 그리고 사역, 성례전(세례와 주의 만찬) 등의 문제에 대해서도 각별한 관심을 기울인다. 그리고 이 모든 경우에 있어서 철저한 자료 제시 및 출처 목록을 덧붙여 위의 교리에 대한 북미 메도디스트 신학 전통의 공식적 입장과 해석에 명료함을 더한다.

참고로 이 책이 소개한 핵심 자료와 출처는 1743년 5월 1일에 출간된 웨슬리의 『연합신도회의 성격, 형태 그리고 규칙』(The Nature, Design and General Rules of the United Societies, 이하 총칙)부터 북미 메도디스트 전통의 교리적 표준인 〈종교강령〉(Twenty-Five Articles of Religion)과 〈사회신경〉(Social Creed), 그리고 연합감리교회(UMC)의 1988년 신앙 선언문인 〈우리의 신학적 과제〉(Our Theological Task)에 이르기까지 다양하다.

이 밖에도 『간추린 메도디스트 핵심 교리』는 웨슬리가 세례, 연옥, 주의 만찬, 사도신경 안에서의 지옥강하 문구 누락 등과 관련하여 취한 교리적 모호성과 그로부터 흘러나온 메도디스트인들 사이의 신학적 오해, 왜곡, 의견 차이를 지적한다. 하지만 이 책의 저자인 캠벨 교수는 단순히 이들을 지적하거나 경계하는 것만으로는 안 되며, 그것을 더 오래된 기독교 전통의 다양한 스펙트럼 위에 배치하여 메도디스트인들만의 교리적 위치와 정확한 입장을 무람없이 가늠해 보는 것이 더 중요하다고 주장한다.

캠벨 교수의 저서 『간추린 메도디스트 핵심 교리』는 참으로 중요한 책이다. 북미 메도디스트 전통의 주요 교단 내에서 웨슬리의 신학이 어떻게 수용되고 발전되었는지를 한눈에 볼 수 있는 몇 안 되는 필독서 중 하나다.

이 책을 통해 독자들은 웨슬리의 유산이 여러 메도디스트 교단들 안에서 어떤 신학적 합의에 도달하여 교리적 표준화 단계에 접어들었는지, 그리고 그들이 어떻게 신앙을 지켜 왔는지, 또 개혁파, 성공회, 가톨릭, 정교회 등 타 기독교 전통과는 어떠한 신학적 대화와 소통을 이어 왔는지에 대해 배울 수 있다. 그리고 덧붙여 이처럼 중요한 대화, 유산, 합의, 신학적 주제들을 좀 더 상세하게 추가적으로 엿볼 수 있는 기회를 각주와 좌우 여백에 보충된 핵심 자료 및 출처를 통해 얻을 수 있다.

마지막으로, 이 책의 출판에 도움을 주신 분들께 감사를 전하며 역자 서문을 마치려 한다.

첫째, 아침 저녁으로 꼼꼼히 웨슬리를 독해하며 〈웨슬리 신학의 현대적 의의〉 수업에 참여했던 서울신학대학교 신학대학원의 학생들에게 감사한다. 이들과의 공부가 역자로 하여금 이 책의 번역을 완성할 수 있도록 이끌어 주었다.

둘째, 번역된 원고를 읽고 학술 전문 용어 정비 및 개정에 탁월한 제안을 해 주신 서울신학대학교 박창훈 교수, 그리고 인천 석남중앙교회의 서다니엘 목사에게도 감사한다.

셋째, 이 책의 출간을 허락해 주시고 차별화된 책을 만들기 위해 오랫동안 관심과 애정을 쏟아 주신 기독교문서선교회(CLC) 대표 박영호 목사님과 이 책의 완성도를 위해 정성껏 디자인하고 편집해 준 신실한 직원들께 감사한다.

역자의 번역에 밤낮으로 힘과 능력을 더해 주신 하나님께 이 모든 영광을 돌린다.

2024년 종려주일
상동 서재에서

개요

메도디스트와 교리

이 책에서 필자는 메도디스트와 관련된 네 교단, 즉 아프리카감리교감독교회(AME), 아프리카감리교성공회 시온교회(AME Zion), 그리스도교감리교회(CME), 연합감리교회(UMC)의 역사적 가르침을 간결하고 정확하게 설명하고자 한다.

이 네 교단은 1784년 볼티모어(Baltimore)에서 공식적으로 조직된 메도디스트교회(Methodist Episcopal Church, 이하 ME)의 신앙 유산을 공유하고 있다. 그들은 고위 성직자(예를 들어, 감독 또는 주교)를 중심으로 한 교회의 역사적 치리 방식, 즉 감독 제도(episcopal polity)를 유지하고 있다.

그뿐만 아니라 그들은 일련의 공통된 교리적 표준인 〈종교강령〉(Twenty-Five Articles of Religion)을 메도디스트교회(ME)로부터 물려받아 지금도 보존하고 있다. 또한, 그들은 범감리교회 협동위원회(Commission on Pan-Methodist Cooperation and Union)를 구성하여 그들 사이의 더 큰 일치와 연합을 도모하는 일에 적극적으로 동참하고 있다.

역사적으로 볼 때, 이 네 교단의 형성은 메도디스트 운동의 분열 및 재결합의 역사와 함께 진행된다. 그러나 이 역사를 여기서 모두 서술하는 것은 이 책의 의도가 아니다. 따라서 그 역사와 관련된 한 가지 중요한 사항, 특히 메도디스트와 교리 사

― 이 책의 의도

― 이 교단들의 관계

이의 연관성 속에서 고찰 가능한 역사적 특징 정도만을 개괄하는 것으로 필자의 필력(筆力)을 제한한다.

이 네 교단(AME, AME Zion, CME, UMC)의 출현 전후에 메도디스트 운동 내에는 다양한 분열의 아픔이 있었다. 어떤 이들은 이 분열의 원인을 교리적 차이로 보겠지만 실제로는 그렇지 않다.

만일 메도디스트 운동의 분열이나 재결합의 역사적 원인이 단지 교리적 차이의 유무에 제한된다면 이는 분명히 '교리'를 매우 협소한 차원에서 파악하고 있는 것일 뿐 아니라 (아래의 논의에서 더 자세히 볼 수 있는 것처럼) 메도디스트 전통이 교리에 대해 역사적으로 설명하는 방식과도 거리가 있을 수밖에 없다.

메도디스트인들의 교리 이해와 접근, 그리고 합의 방식은 언제나 도덕적 차원의 사유 및 행동과 결부되어 있다. 실제로 앞서 언급한 네 교단의 분열에 있어서 가장 큰 영향을 미친 요인은 노예 제도와 기타 인종차별적 문제였다.

따라서 이들 교단이 서로 나뉘지고 각기 다른 도덕적 인식을 지니고 있음에도 불구하고 여전히 연결될 수 있었던 것을 이해하려면 다음과 같이 12단계로 요약될 수 있는 메도디스트의 분열 및 재결합의 역사를 참조할 필요가 있다.

1784년 ME

1단계: 메도디스트교회(ME)는 1784년 볼티모어에서 조직되었으며, 네 교단이 모두 뿌리를 내린 유일한 교단이다.

1700년대 후반 AME

2단계: 필라델피아(Philadelphia)에 있는 리처드 앨런(Richard Allen)의 아프리카계 및 아프리카계 미국인 후예들은 동료 메도디스트인들의 무례한 대우를 참다 못해 1700년대 후반 세인트 조지 메도디스트신도회(St. George's Methodist Society)를 떠났다.

그들은 메도디스트교회(ME)와 관련된 별도의 신도회를 조직했지만, 1810년대 이후에는 **아프리카감리교감독교회(AME)**라는 공식 교단으로 분리되었다.

3단계: 거의 같은 시기(1790년대)에 뉴욕의 존스트리트신도회(John Street Society)에 있던 아프리카계 후예들도 별도의 신도회를 형성했다. 이 역시 이후 수십 년 동안 **아프리카감리교성공회 시온교회(AME Zion)**라는 별도의 공식 교단으로 분리되어 있었다.

| 1700년대 AME Zion |

4단계: 볼티모어의 독일 개혁파 목사 필립 윌리엄 오터바인(Philip William Otterbein)은 1700년대 후반부터 펜실베니아(Pennsylvania)와 메릴랜드(Maryland)에서 신도회를 조직하기 시작했다. 이 신도회는 비록 공식적으로는 메도디스트 신도회들과 연결되어 있지 않았지만 여러 면에서 유사한 조직이었다. 오터바인의 후예들은 스스로를 **그리스도연합형제교회**(Church of the United Brethren in Christ, 이하 UB)라고 불렀고, 1800년대 초반에 점점 더 하나의 분리된 공식 교단으로 조직화되었다.

| 1700년대 후반 UB |

5단계: 1800년대 초에 제이콥 올브라이트(Jacob Albright)는 독일어를 사용하는 여러 메도디스트 신도회를 조직했다. 처음에 그들은 메도디스트교회(ME)의 신도회와 연합을 시도했지만 결국 분리되어 **복음주의연합**(Evangelical Association, 이하 EA)이란 별도의 교단으로 불리게 되었다.

| 1800년대 초반 EA |

6단계: 메도디스트교회(ME)의 많은 교인이 감독의 강력한 권위에 반대하고 평신도 대표의 총회 내 권위(예를 들어, 선출권)를 주장했다. 그러나 그들의 주장은 쉽게 거절당했고 그 결과 1830년에 **감리회개신교회**(Methodist Protestant Church, 이하 MP)가 조직되었다.

| 1830년 MP |

1845년 MES	**7단계**: 존 웨슬리와 최초의 메도디스트연합 총회는 메도디스트인들 사이의 노예 소유에 반대했다. 하지만 메도디스트 교인이 되기 위한 이 도덕적 요건은 메도디스트교회(ME)의 남부 연회에서 점차 무시되기 시작했다. 결국, 1844년에 열린 메도디스트연합 총회에서 분리안(Plan of Separation)이 채택되기에 이르렀고, 그 결과 남부 연회는 1845년 **남감리교회**(The Methodist Episcopal Church, South, 이하 MES)라는 독립교단을 세웠다.
1870년 CME	**8단계**: 남북전쟁 후, 남감리교회(MES)의 아프리카계 미국인 교인들은 한때 유색인감리교회(Colored Methodist Episcopal Church)라고 명명했던 그들만의 독립교단을 형성했고, 1950년대 이후로는 이 교단의 정식 명칭을 **그리스도교감리교회**(CME)로 개명했다.
1939년 ME+MP+MES =MC	**9단계**: 메도디스트교회(ME), 감리회개신교회(MP), 남감리교회(MES)는 비록 수십 년 동안 분리된 과거를 가지고 있었지만, 1939년 재결합하여 하나의 교단인 **감리교회**(Methodist Church, 이하 MC) 안에 통합되었다.
1946년 UB+EA=EUB	**10단계**: 그리스도연합형제교회(UB)와 복음주의연합(EA)은 1946년 재결합하여 **복음주의연합형제교회**(Evangelical United Brethren Church, 이하 EUB)란 이름 아래 하나의 통합 교단이 되었다.
1968년 MC+EUB=UMC	**11단계**: 감리교회(MC)와 복음주의연합형제교회(EUB)는 1968년 **연합감리교회**(United Methodist Church, 이하 UMC)란 이름 하에 하나의 교단으로 통합되었다
범감리교회협동 위원회	**12단계**: 아프리카감리교감독교회(AME), 아프리카감리교성공회 시온교회(AME Zion), 그리스도교감리교회(CME), 연합감리교회(UMC) 및 기타 몇몇 북미 메도디스트 그룹의 지도자들

은 1980년대에 만나 교단이 아닌 교회연합체로서 **범감리교회 협동위원회**(Commission on Pan-Methodist Cooperation and Union)를 구성하고 그들이 함께 추구해야 할 일치의 형태를 식별하고자 노력했다.

이 12단계의 분열 및 재결합의 역사는 아프리카감리교감독교회(AME), 아프리카감리교성공회 시온교회(AME Zion), 그리스도교감리교회(CME), 연합감리교회(UMC)가 어떻게 북미권 안에서 형성되었는지를 보여 준다.

그러나 그 외의 다른 교단들, 즉 세계 여러 다른 나라의 메도디스트 교단들이 어떻게 형성되었는지를 보여 주지는 못한다. 하지만 필자는 이미 이 자체만으로도 메도디스트의 분열과 재결합의 역사가 단순한 교리적 차이로 이루어진 것이 아님을 보여 주기에 충분하다고 생각한다.

더욱이 이 책의 원래 초점은 위에서 언급한 네 교단(AME, AME Zion, CME, UMC)이 그들 사이의 정치적, 구조적 분열에도 불구하고 여전히 서로 교리적 통일성을 유지하고 있었음을 보여 주는 데 있다. 따라서 이 책의 연구 범위에 몇 가지 제한이 있다고 해도 하등의 문제가 될 것은 없다.

일반적으로 기독교 교리를 연구하는 이유는 그리스도인들이 함께 고백하는 공통된 신앙에 명확성을 더하기 위함이다. 그러나 메도디스트인들이 교리를 연구하는 이유는 조금 다르다. 그들의 교리 연구는 다음 세 가지 이유에 기인하며 이러한 이유와 관련할 때만 의미를 가진다.

메도디스트 교리 연구의 필요성

첫째, 아프리카감리교감독교회(AME), 아프리카감리교성공회 시온교회(AME Zion), 그리스도교감리교회(CME), 연합감리교회(UMC)가 현재 더 큰 통합을 고려하고 있다는 사실은 그들이 공통적으로 주장하는 교리에 대한 이해나 연구가 이 분열의 시대에 특히 더 중요할 수 있다는 것을 시사한다.

둘째, 이 네 교단 각각은 성직자가 교회의 교리를 연구할 것을 적극 요청하고 있지만, 지금까지 이러한 과정에는 적절한 교리 연구 자료가 없었다. 그러므로 공통된 합의에 기초한 교리 연구를 수행하는 것이 매우 중요하고 시의적절하다.

셋째, 최근 몇 년 동안 (적어도 UMC에서는) 교리와 신앙고백서의 교차 사용이 계속해서 논쟁의 대상이 되어 왔다. 그런데 이 같은 사실은 역으로 메도디스트 교리 연구의 엄밀성이 갖는 중요성을 일깨워 준다. 다시 말해, 메도디스트 교리와 신앙고백이 양극화되고 있는 작금의 현실은 메도디스트인들이 교단을 초월하여 공통적으로 가지고 있는 신앙에 대해 보다 더 신중하고 영적으로 분별력 있는 탐구를 요청한다.

'교리'의 정의

메도디스트 교리는 메도디스트인들이 가르치기로 합의한 것을 의미한다. 즉, 교리적 관점에서 메도디스트인들에게 더 중요한 것은 개별 신학자들의 의견이 아니라 그들이 합의하여 가르치고 실천한 내용이다. 이미 언급한 바와 같이 메도디스트인들은 그들의 가르침 안에 항상 '신학적' 문제(예: 하나님, 구원, 교회)뿐만 아니라 도덕적으로 합의된 내용을 담고 있다.

따라서 그들은 그들의 교리를 이해하고 설명함에 있어서 '종교적 가르침이나 신앙을 비판적으로 성찰하는 신학 그 자체'와 '공동체나 집단이 도덕적으로 합의한 사항'을 구분했다. 그리고 후자에 더 큰 교리적 권위를 두었다.

이 책에서 필자의 주된 관심은 메도디스트 교리를 가능한 한 정확히 기술하려는 데 있다. 그러므로 필자는 단순히 개별 신학자들의 의견을 모으거나 나열하기보다 그들 사이에 이뤄진 합의, 즉 그들이 기독교 신앙과 관련해 역사적으로 동의하고 상호 간의 합의에 이른 것을 가능한 한 정확히 기술하는 데 초점을 맞출 것이다.

역사적으로 기독교 교회는 합의에 도달하기 위해 다양한 수단을 사용해 왔다. 고대 교회에서는 주교들 사이의 회의나 결정을 통해 합의가 이뤄졌다. 그리고 종교개혁 시대의 개신교 교회에서는 목회자의 정치적 리더쉽에 의해 합의가 도출되었다. 이른바 하향식 합의 방식이 이 시기의 주류를 이루었다.

하지만 17세기부터 개신교 공동체 전체에 걸쳐 새롭고 보다 참여적인 방식의 합의 수단이 발전하기 시작했다. 총회(General Conference)란 기구가 그 대표적인 예다.

총회는 특히 범감리교 교단들 사이에서 교리적 합의를 이끌어 내고 확인할 수 있는 참여 기구를 말한다. 이 기구는 새로운 표준을 제시하거나 기존의 교리적 표준을 변경할 수 있는 유일한 참여 수단이며 새로운 찬송가나 예배 자료를 개발함으로써 비교적 덜 공식적인 차원의 교단 내 합의를 전체 교회에 전달하기도 한다.

존 웨슬리의 종교적 유산의 일관된 특징 중 하나는 그가 교리 문제에 대해 보여 준 관대함과 개방성이다. 웨슬리는 메도디스트인들이 기독교 신앙의 본질에 큰 영향을 미치지 않은 한, 그들이 가르치고 있는 것이나 예배하는 문제와 관련하여 기꺼이 마음을 열고, 심지어 자신과 다른 견해를 가지고 있는

― 교리적 합의 도달

― "보편 정신"

사람이라고 할지라도 그들과 긴밀히 협력할 것을 요청하면서 그가 "보편 정신"(catholic spirit)이라고 부른 관용에의 의지를 붙잡으라고 강조했다.

따라서 역사상 메도디스트인들은 교인 자격(church membership)을 부여하거나 승인하기 위한 목적으로 엄격한 교리를 만들거나 요구하지 않았다. 더욱이 그들은 그들 자신만이 유일한 교회라고 주장한 적도 없었으며 모든 교회 중에 "가장 참된"(truest) 교회라고 말한 적도 없었다. 단순히 그들 자신을 기독교의 다양한 전통 가운데 매우 특별한 사명을 가진 종교 운동 즈음으로 이해할 따름이었다.

그러므로 메도디스트 교리를 이해하거나 배운다는 것은 특정 전통을 고수하고 확인하고 결론짓는 일이 아니다. 오히려 그것은 기독교 전통 전체를 한데 모으고 하나씩 열어 가는 것, 특히 관용과 다른 교리에 대한 개방성에 중점을 둔 영성을 훈련하고 격려하고 발전시키는 것에 더 가깝다.

'핵심' 교리와 '의견'

또한, 웨슬리는 "보편 정신"에 대한 자신의 비전을 설명하면서 "상호 간 합의나 일치가 필요한 핵심 교리"(essential doctrines)와 "의견상의 차이가 허용될 수 있는 신학 및 교회 관행"을 서로 구별했다.

비록 웨슬리가 보편 정신에 대한 그의 설교에서 '핵심'(essential) 교리가 무엇인지 정확히 설명하지 않았지만, 우리는 웨슬리가 말했던 두 종류의 핵심 교리가 무엇인지 그의 다른 글에서 확인할 수 있다.

첫째 교리는 기독교 신앙의 광범위한 에큐메니컬 또는 '보편적'(catholic) 유산을 말한다. 이 교리에 해당하는 것은 초기 기독교 시대의 삼위일체 교리, 그리스도의 두 본성 교리, 종교개혁 시대의 은총론, 인간론, 성례전과 교회 사역에 대한 가르침을 포함한 교회론이다.

둘째 교리는 메도디스트 운동의 특수한 영성과 가르침이다. 여기에는 구체적으로 예비(preparatory), 칭의(justifying), 성화(sanctifying) 은총의 교리와 '구원의 길'(way of Salvation)에 대한 교리적 접근이 포함된다(제4장 참조).⁺

메도디스트 교리 발전의 가장 오래된 소위 첫 번째 단계는 메도디스트의 사명을 분명히 하는 것이었다. 웨슬리 당시의 메도디스트인들은 스스로를 독립된 교단이나 교회로 생각하지 않았다. 따라서 그들은 잉글랜드국교회(Church of England)의 교리나 전례를 그대로 수용했다.

하나의 종교적 운동을 위한 교리

이 같은 사실은 웨슬리의 주저 중 하나인 메도디스트 신도회의 『연합신도회의 성격, 형태 그리고 규칙』(The Nature, Design and General Rules of the United Societies)을 포함하여, 웨슬리의 『표준 설교집』(Standard Sermons), 『신약성경 주해』(Explanatory Notes upon the New Testament), 『찬송시선집』(Collection of Methodist Hymns), 〈교리 연회록〉(Doctrinal Minutes, 이 연회록은 현재 아프리카 감리교감독교회[AME]에서 교리문답서로 사용되고 있다) 등에 그대로 반영되어 있다. 그리고 이들 문서의 주된 내용은 당시 메도디스트인들에게 다음과 같은 세 가지 사명을 분명히 해 주었다

첫째, 구원을 이루는 일
둘째, 하나님의 은혜의 수단으로서 메도디스트인의 역할
셋째, 구원을 향한 순례의 윤리-도덕적 의미

메도디스트 교단들을 위한 교리

메도디스트 교리 발전의 두 번째 단계는 영국의 메도디스트 운동이 1784년과 1870년 사이에 미국의 교단으로 발전하기 시작하면서 이루어졌다. 이 기간 동안 북미의 주요 메도디스트 교단들은 기독교 전통의 오랜 가르침을 보다 충실하고 폭넓게 반영하는 그들 자신만의 신앙고백과 종교강령을 개발하여 교리적 표준으로 사용했다.

실제로 그리스도연합형제교회(UB)의 〈신앙고백〉(Confession of Faith)[1]이나 아프리카감리교감독교회(AME), 아프리카감리교성공회 시온교회(AME Zion), 그리스도교감리교회(CME), 연합감리교회(UMC)가 공통적으로 사용하고 있었던 〈종교강령〉은 모두 이때부터 그들 각각의 교리적 표준으로 만들어지고 채택되었다.

그리스도연합형제교회(UB)의 〈신앙고백〉과 아프리카감리교감독교회(AME), 아프리카감리교성공회 시온교회(AME Zion), 그리스도교감리교회(CME), 연합감리교회(UMC)의 〈종교강령〉에는 한 가지 독특한 점이 있다.

그것은 바로 기독교의 보편적 신앙과 종교개혁 정신을 반영한 것 외에는 별다른 특징이 거기 없다는 것인데, 이는 역으로 당시의 교리적 발전이 어디에 역점을 두고 있었는지를 시사해 준다. 그때 이들에게 교리적으로 중요했던 것은 주변의 비판이나 도전에 맞서 자신만의 고유한 신앙을 주장하는 것이 아니라 자신이 가진 신앙의 보편성과 정통성을 보다 분명하게 확인하고 기록하는 것이었다.

---

1 역자 주: 현 연합감리교회(UMC) 〈신앙고백〉의 기초가 되었다.

메도디스트 교리 발전의 두 번째 단계가 신앙의 특수성보다 정통성(또는 보편성)을 확인하는 맥락에서 이루어졌음을 보여주는 또 다른 예는 미국성공회의 안수 비판에 대한 아프리카감리교감독교회(AME)의 대응에서 찾아볼 수 있다.

당시 미국성공회는 웨슬리 전통에 속한 교회의 안수 사역을 비판했다. 특히, 그들의 감독직이 사도 시대부터 이어져 내려온 '사도 계승'(apostolic succession)의 전통을 이어받고 있지 않기 때문에 그들의 감독이 안수를 주거나 받는 행위 자체가 근본적으로 무효라고 주장했다.

따라서 메도디스트인들은 그들의 안수 사역에 대한 일부 비판에 직면하여 정통성을 확보해야 했고, 이러한 필요성을 충분히 인식하고 있었던 아프리카감리교감독교회(AME)는 '사도 계승'을 그들이 수용한다는 입장의 성명서를 발표했다(주의: 메도디스트인들의 안수 사역에 대한 미국성공회 측의 비판은 신자 개개인의 의견일 뿐 공식적 입장은 아니었다).

위의 성명서와 유사한 시기에 발표된 찬송시들도 같은 맥락에서 메도디스트 신앙의 정통성을 강조한 사례라고 할 수 있다. 메도디스트인들에게 찬송시는 그들의 교리를 가르치고 설명하는 비공식적 수단이다. 그런데 이 시기에 발표된 찬송시들의 가사를 보면 한결같이 '구원의 길'(Way of Salvation)보다 삼위일체에 관한 기독교 전통의 보편적 가르침을 더 충실히 담아내고 있는 것을 볼 수 있다.

메도디스트 교리 발전의 세 번째 단계는 지난 100년 동안 메도디스트인들이 에큐메니컬 운동(모든 그리스도인이 공히 인정하고 있는 비가시적 또는 영적 연합을 넘어 가시적 연합을 추구하는 운동)에 점점 더 참여하게 되면서 발생했다. 이것에 대한 몇 가지 확

에큐메니컬 기독교 공동체를 위한 교리

실한 징후로서 우리는 먼저 이 시기의 메도디스트인들이 기독교 신조의 역사적 형태를 광범위하게 사용한 것에 대해 생각해 볼 수 있다.

사실 1800년대까지만 하더라도 메도디스트인들이 주로 사용했던 기독교 신조는 사도신경(Apostles' Creed)에 국한되어 있었다. 하지만 1900년대 중반 이후 그들이 에큐메니컬 운동에 적극적으로 참여하게 되면서 그들은 보다 에큐메니컬하고 역사적인 형태의 기독교 신조인 니케아 신경(Nicene Creed)을 사용하기 시작했다.

지난 세기에 사용된 찬송시들도 우리가 생각해 볼 수 있는 몇 가지 징후 중 하나이다. 이미 살펴본 바와 같이 이 시대의 찬송가들은 가사에 기독교 신앙의 보편성과 정통성을 담고 있었다. 그러므로 20세기에 쓰여진 찬송시는 메도디스트 교리 발전의 세 번째 단계가 에큐메니컬한 흐름 속에서 발생했음을 보여 주는 매우 훌륭한 역사적 징후라고 할 수 있다.

〈우리의 신학적 과제〉(Our Theological Task)도 우리가 고려할 수 있는 몇 가지 징후 중 하나라고 할 수 있다. 1988년에 연합감리교회(UMC)가 개정하여 발표한 이 교리 선언문은 메도디스트 교리가 모든 그리스도인이 공유하고 있는 '사도적 신앙'(apostolic faith)의 기반 위에 서 있음을 선언하고 있다.

이 밖에도 연합감리교회(UMC)와 아프리카감리교감독교회(AME)의 새신자 교리문답서(초기 기독교 전통의 세례신조를 참조하여 만들어짐)가 아주 좋은 징후라고 할 수 있는데, 이상의 징후들이 보여 주고 있는 것은 결국 메도디스트 교리 발전의 세 번째 단계가 더 넓은 기독교 공동체와의 일치와 연합의 흐름 속에서 이루어졌다는 사실이다.

오늘날 범감리교 신앙공동체는 메도디스트 교리가 역사적으로 세 가지 단계를 거쳐 발전했음을 공인하고 있다. 그리고 공식적인 승인 절차는 서로 다르지만 약 아홉 개의 교리적 표준을 인정하고 있다고 밝힌다.

또한, 북미 메도디스트 전통의 주요 교단인 아프리카감리교감독교회(AME), 아프리카감리교성공회 시온교회(AME Zion), 그리스도교감리교회(CME), 연합감리교회(UMC)는 그들 중 일부를 『장정』(Disciplines)에 포함시키고 조례나 세칙으로 엮는 등 헌법상의 지위를 부여함으로써 그들 자신의 교리적 표준으로 단순히 인정하고 받아들이는 것 이상의 공인 절차를 밟고 있다.

일례로 메도디스트교회(ME)의 옛 관습을 쫓고 있는 『[아프리카]감리교성공회 [시온]교회의 교리와 장정』(The Doctrines and Discipline of the [African] Methodist Episcopal [Zion] Church)을 참조하라.

그러나 여기서 필자가 보다 더 중점을 두고 살필 것은 크게 세 가지로 구분할 수 있는 메도디스트 전통의 교리적 표준이다.

첫째, 아프리카감리교감독교회(AME), 아프리카감리교성공회 시온교회(AME Zion), 그리스도교감리교회(CME), 연합감리교회(UMC)가 그들의 교리적 표준으로 공히 승인하고 있는 〈종교강령〉(Twenty-Five Articles of Religion)과 〈총칙〉(General Rules).

둘째, 아프리카감리교감독교회(AME)와 연합감리교회(UMC)가 승인한 몇 가지 추가적인 교리적 표준들(사도신경, 니케아 신경, 사회신경 등).

> 메도디스트 교리의 출처

셋째, 아래에 열거된 아프리카감리교감독교회(AME), 아프리카감리교성공회 시온교회(AME Zion), 그리스도교감리교회(CME), 연합감리교회(UMC)의 아홉 가지 공식적인 교리적 표준은 다음과 같다.

- 〈종교강령〉(Twenty-Five Articles of Religion): 1784년
  AME, AME Zion, CME, UMC가 모두 수용.
- 〈총칙〉(General Rules): 1740년대
  AME, AME Zion, CME, UMC가 모두 수용.
- 〈신앙에 관한 교리문답〉(Catechism on Faith): 웨슬리의 〈교리연회록〉(Doctrinal Minutes)에 근거한 것으로 AME가 수용.
- 사도 계승(Apostolic Succession)과 종교 형식주의(Religious Formalism)에 대한 진술: 1884년
  AME가 수용.
- 〈신앙고백〉(Confession of Faith): 1816년
  UB가 수용하고, 이후 몇 번의 개정을 거쳐 UMC가 수용.
- 존 웨슬리의 『표준 설교집』(Standard Sermons): 1700년대
  UMC가 수용, 다른 교단에서의 헌법적 지위는 불분명함.
- 존 웨슬리의 『신약성경 주해』(Explanatory Notes upon the New Testament): 1700년대
  UMC가 수용, 다른 교단에서의 헌법적 지위는 불분명함.
- 〈메도디스트 사회신경〉(Methodist Social Creed): 1908년
  이후 몇 번의 개정을 거쳐 원본과는 사뭇 다른 버전으로 CME와 UMC가 수용.
- 〈우리의 신학적 과제〉(Our Theological Task): 1972년
  1988년에 개정되어 UMC가 수용.

이상의 아홉 가지 교리적 표준은 범감리교 신앙공동체에서 헌법적 효력(개별 교단의 헌법에 의해 보호됨) 또는 적어도 징계적 효력(개별 교단에서 출판된 『장정』에 의해 명시됨)을 가지고 있다. 그러므로 그들의 교리가 무엇이며 왜 그것을 따라야 하는지 알고자 하는 메도디스트인들은 위의 자료에 주목해야 한다.

하지만 그들은 이 밖의 다른 자료들, 예를 들어, 『찬송시선집』(Collection of Methodist Hymns)에 수록된 찬송시나 역사적 신조(historic creeds), 더 넓은 기독교 공동체와의 연합을 이루기 위해 그들이 서명하거나 합의한 에큐메니컬 문서 등에도 관심을 기울여야 한다. 왜냐하면, 이들 역시 메도디스트 교리에 대한 사실상(de facto)의 표준으로 기능해 왔기 때문이다.

잠시 메도디스트 교리의 사실상(de facto)의 표준으로 기능해 온 자료들을 살펴보면, 우선 1800년대 중반 이후 메도디스트 찬송가는 한결같이 삼위일체 하나님을 찬양하는 것으로 시작하여 초기 기독교 전통의 에큐메니컬 신조의 근간이 된 예배를 상기시킨다.

더욱이 이 시기의 메도디스트 찬송가에는 거의 변함없이 '그리스도인의 삶'(Christian life)이란 긴 섹션이 포함되어 있다. 이 긴 섹션의 역할은 웨슬리의 영적 전통에서 특히 강조되고 있는 '구원의 길'을 단계별로 명확히 제시하는 것에 있다.

첫째, 죄의 인식과 회개
둘째, 칭의
셋째, 용서의 확신
넷째, 성화
다섯째, 그리스도인의 완전

메도디스트 교리의 다른 출처

메도디스트 찬송가

따라서 19세기 중반 이후의 메도디스트 찬송가는 웨슬리의 『표준 설교집』에 설명된 웨슬리의 독특한 영성뿐만 아니라 〈종교강령〉과 〈신앙고백〉에서 가르치고 있는 기독교 신앙의 일반을 보충하는 데 없어서는 안 될 사실상의 교리적 표준으로 기능해 왔다.

물론, 모든 메도디스트 찬송시가 범감리교 신앙공동체 내에서 역사적으로 논의되고 공식적으로 합의된 적법(de jure)한 교리적 표준과 동일한 권위를 갖는 것은 아니다.

따라서 이 별도의 교리적 표준에 대한 균형 잡힌 입장이 요구되는데, 이는 메도디스트 『찬송시선집』에 일관되게 수록된 찬송시들이 기독교 역사의 오랜 전통 속에서의 합의를 잘 표현하고 있으며 메도디스트 교리의 가르침을 보완한다는 점에서 그 권위나 해석학적 지위가 인정될 필요가 있다는 것이라고 할 수 있다.

역사적 신경 (신조)들

웨슬리가 평생 사제로 섬겼던 잉글랜드국교회의 39개 조항(Thirty-nine Articles of Religion)은 사도신경, 니케아 신경, 아타나시우스 신경의 공식적 사용을 승인하고 있다(참고로 아타나시우스 신경은 5세기 서방 교회에서 사용된 신조지만 이후 메도디스트인들에 의해서는 사용되지 않았다).

하지만 웨슬리는 잉글랜드국교회의 39개 조항을 〈종교강령〉으로 개정할 때 니케아 신경과 아타나시우스 신경의 사용을 승인하는 조항을 생략했다. 그리고 잉글랜드국교회의 공동 기도서(Book of Common Prayer)를 『북미 감리교도들을 위한 주일 예식서』(The Sunday Service of the Methodists in North America)로 개정할 때에도 주일 성찬 예배문(communion service)에 수록되어 있던 니케아 신경의 전문(全文)을 빠뜨렸다.

왜 웨슬리는 초기 기독교 전통의 에큐메니컬 신조의 사용을 승인하는 조항을 생략하고 일부 공식적인 문서에서 니케아 신경의 전문을 빠뜨렸을까?
그 이유는 명확하지 않지만 다음 두 가지 사실은 분명하다.

첫째, 니케아 신경과 아타나시우스 신경에 대한 웨슬리의 입장은 일부 조항이나 전문을 생략한 행위만으로 평가할 수 없다.

둘째, 웨슬리의 생략과 누락은 공식적 확인이나 절차상 협의 없이 진행되었다.

위의 두 가지 사실은 서로 상충하면서 웨슬리의 입장을 둘러싼 불필요한 오해를 불러일으킨다. 따라서 우리 메도디스트인들은 웨슬리가 개정한 〈종교강령〉과 연합감리교회(UMC)의 〈신앙고백〉이 니케아 신경(AD 325)과 칼케돈 신경(AD 451)의 문구를 적극적으로 사용하고 있다는 점에 주목해야만 한다. 왜냐하면, 이것이 초기 기독교 전통의 에큐메니컬 신조에 관한 웨슬리와 범감리교 신앙공동체의 승인적 입장을 보여 주는 바로미터와 다름없기 때문이다.

19세기 중반 메도디스트인들이 사용한 찬송가의 '전례' 부분을 보면, 그들이 사도신경을 사용했는지 여부를 비교적 쉽게 확인할 수 있다.

역사적으로 사도신경은 아프리카계 미국인들에 의해 설립된 교단들(AME, AME Zion 및 CME)을 포함해 북미의 여러 메도디스트 교단 내에서 가장 널리 암송된 신조로 잘 알려져 있다. 반면에, 니케아 신경의 사용 여부는 좀처럼 쉽게 확인되지 않는다.

이것은 부분적으로는 그것이 예배 중에 거의 암송되지 않았기 때문이지만, 대부분은 그것이 20세기 후반에 와서야 비로소 실질적이고 공식적이며 범교단적인 차원에서의 사용 승인을 『교회일치를 위한 협의회의 합의』(Consultation on Church Union Consensus, 이하 COCU Consensus)를 통해 아프리카감리교감독교회(AME), 아프리카감리교성공회 시온교회(AME Zion), 그리스도교감리교회(CME), 연합감리교회(UMC)와 같은 주요 교단으로부터 받았기 때문이다.

『교회일치를 위한 협의회의 합의』는 메도디스트인들이 메도디스트 전통의 교리적 표준이 아닌 다른 출처로부터 교리적 책임 또는 헌신에 대한 그들의 표준을 묻고 확인하기 시작했음을 보여 준다. 하지만 그것은 또한 메도디스트인들의 관심이 에큐메니컬 협약에 담긴 교리적 책임, 전념, 헌신에로 향하고 있음을 보여 준다.

북미 메도디스트 전통의 주요 교단은 세례, 성찬, 사역에 관한 세계교회협의회(World Council of Churches, 이하 WCC)의 연구, 이른바 『리마 문서』(Baptism, Eucharist, and Ministry, 이하 BEM)의 수렴 및 결정 과정에 참여했다. 그리고 다른 기독교 전통과 함께 에큐메니컬 공동체의 관점에서 그들의 전통적인 관심사 중 일부를 기꺼이 재고할 수 있다고 밝혔다.

실제로 그들은 『리마 문서』를 통해 "신약성경에서 가장 분명하게 증명된 세례의 패턴이 개인의 신앙고백에 따른 세례"+라고 고백했으며, 『교회일치를 위한 협의회의 합의』를 통해 과거 가톨릭, 정교회, 성공회 전통에 의해 승인된 감독직(office of bishop)을 교회 사역의 세 번째 직분으로 인정하겠다고 밝혔다.

니케아 신경
1984년
AME『찬송가』
no. 529;
1989년
UM『찬송가』
no. 550

에큐메니컬적
헌신

한마디로 『리마 문서』와 『교회일치를 위한 협의회의 합의』의 존재는 가톨릭을 비롯한 다른 기독교 전통의 교회들과 열린 대화를 모색하면서 메도디스트 교리에 대한 현대적 해석의 자리와 가능성을 열어 주겠다는 의지의 표현이다.

메도디스트 교리와 관련하여 검토할 가치가 있는 또 다른 주제는 정회원(교인)의 자격 또는 승인을 결정하는 요건으로서의 교리와 관련이 있다. 메도디스트인들은 정회원의 자격을 묻거나 시험하는 교리적 요구 사항을 거의 만들지 않았지만 "기성 교리의 표준에 반하는 방식으로 교리를 전하는"+ 이들의 파문 가능성을 일관되게 유지하고 있었다.

하지만 금세기 초 그리스도연합형제교회(UB)는 교리적 수준에서 "수습 또는 잠정 교인"(probationary membership)으로 분류될 수 있는 새로 온 교인들, 즉 새신자를 위한 훈련 프로그램을 기획했다. 그리고 이 프로그램은 현재 연합감리교회(UMC)를 제외한 다른 3개 교단(AME, AME Zion 및 CME)에서 시행되고 있다.

그리스도연합형제교회(UB)의 훈련 프로그램에 따르면, 새신자는 무조건 정회원으로 받아들여지지 않는다. 그들은 일시적으로만 받아들여지며, 오직 그리스도의 본을 따라 훈련을 받고 진정한 그리스도인의 삶과 행실을 보인 후에야 비로소 지역 회중의 정식 회원이 될 수 있다. 따라서 이 프로그램의 본래적 기획 의도는 정회원 자격에 관한 교리적 요건의 일부를 만드는 것이었지만, 그것의 주된 초점은 교리 자체에 있지 않았고 개인의 영성과 도덕성을 강조하는 것에 더 있었다.

메도디스트 정회원의 자격이나 승인을 위한 요건으로서의 교리는 20세기가 훨씬 지나서야 비로소 갖춰지게 되었다.

교리와 교회 회원
(교인)

1935년 감리교회(MC)의 『찬송가』(Hymnal)는 스스로 문답할 수 있는 사람(성인)을 위한 신앙고백문을 다음과 같이 포함시켰다.

당신은 우리 주 예수 그리스도의 신약성경에 담긴 기독교 신앙을 받아들이고 고백합니까?

하지만 이 문답은 교리적으로 모호하며, 무엇보다 성서의 단일성을 주장하는 〈종교강령〉의 여섯 번째 조항과 상충될 소지가 있었다. 따라서 1964년도 감리교회(MC)『찬송가』개정판은 그 문답을 다음과 같이 수정했다.

당신은 구약성경과 신약성경에 기록된 기독교 신앙을 받아들이고 고백합니까?

그리고 한 가지 문구를 덧붙여 메도디스트 정회원의 직제(職制)가 (성인의 경우에는) 세례로 말미암은 것이라는 교리적 요건을 확인했다.

당신은 천지를 만드신 전능하신 하나님 아버지를 그의 외아들 우리 주 예수 그리스도 안에서, 그리고 생명을 주시는 주 성령 안에서 믿습니까?

아프리카감리교감독교회(AME)와 연합감리교회(UMC)도 각각 1984년과 1989년『찬송가』에 동일한 문답, 즉 "당신은 구약성경과 신약성경에 기록된 기독교 신앙을 받아들이고 고백합니까"를 실었다. 하지만 메도디스트 정회원의 직제(職制)를 확인하는 세례 문답에는 수정을 가했다. 즉, 삼위일체 하나님에 대한 (1964년도 감리교회[MC] 『찬송가』 개정판의) 신앙고백문을 세 개의 분리된 별도의 질문으로 나눈 후 각 질의에 대한 응답자의 회답을 사도신경에 있는 문구로 적었다.

『리마 문서』와 『교회일치를 위한 협의회의 합의』는 북미 메도디스트 전통의 주요 교단들이 에큐메니컬 협약에 담긴 교리적 책임, 전념, 헌신을 가지고 그들의 교리적 표준과 요건을 다루기 시작했단 것을 잘 보여 준다.

그러나 그렇다고 해서 이것이 꼭 교리만 그들이 강조하게 되었단 뜻은 아니다. 여전히 그들은 개인적 도덕성과 영성을 강조했고, 교리 문제에 있어서는 강조의 형식이나 수준을 최소화했다. 따라서 각 교단이 자신의 교리적 표준과 상반되는 가르침을 전하는 자들을 파문하거나 책임을 묻기 위해 나름의 교리적 요건을 지난 100년 동안 갖춰온 것은 사실이지만, 교리상의 이유로 실제 파문한 사례가 그리 많지 않았다는 것도 분명한 사실이다.

그렇다면 메도디스트 교리란 무엇일까?

메도디스트교회의 정회원 자격을 묻고 결정하는 교리적 요건은 또 무엇인가?

만일 메도디스트교회가 교인들을 교리적 문제로 징계하거나 파문하지 않은 것이 사실이라면 다음 한 가지는 더 없이 분명해진다. 메도디스트인들이 교리를 이해하고 설명하는 방식은 더 이상 이론적으로 엄격하기만 해선 안 되며 실용적이고 실제적이기도 해야 한다.

오늘날 교리에 대한 헌신이나 전적 동의를 이유로 정식 교인(정회원)이 되는 사람은 거의 없다. 그러나 어떤 교회의 정회원이 되고 나면, 그 교회의 전통과 역사적 가르침을 아는 것이, 그리고 그것을 기초로 하여 실천하는 것이 중요해진다. 이것은 메도디스트인들에게도 마찬가지다.

만일 어떤 사람이 메도디스트 전통의 교회에 들어와서 정회원이 되고자 한다면, 그 사람은 기독교의 역사적 가르침을 포함해 메도디스트 교리의 표준, 요건, 예배(찬송), 관습(사역 체계)에 대해 알아야 한다. 동의해야 하고 실천해야 한다.

메도디스트 교리와 성임(안수)된 사역자

더욱이 메도디스트 전통에서 집사로 혹은 장로로 안수를 받고자 한다면, 그 사람은 단순히 정회원에게 요구되는 수준을 넘어 기독교 역사 교리와 웨슬리의 가르침을 포함한 일반적인 교리 시험을 거쳐 어느 정도의 심사 기준을 통과해야 하며 아프리카감리교성공회 시온교회(AME Zion)와 연합감리교회(UMC)의 경우에는 다음의 메도디스트 교리문답에도 '예'로 답할 수 있어야 한다.

[집사 및 장로 후보자에게]

"당신은 아프리카감리교성공회 시온교회(AME Zion)의 교리를 (UMC의 경우, 연합감리교회(UMC)의 교리를) 공부했습니까?"

[장로 후보자에 한하여]

"당신은 복음을 선포할 뿐만 아니라, 그 선포한 바를 바르게 지키고 따르겠습니까?"

이상의 두 가지 교리문답은 "우리 교회의 교리"(the doctrines of our Church)로 명시되어 있지 않지만, 앞서 소개한 아홉 가지 교리적 표준의 헌법적 효력을 가지고 있다. 그리고 안수 사역자를 대상으로 한 그리스도교감리교회(CME)의 다음과 같은 교리문답도 동일한 효력을 갖고 있다.

"당신은 『장정』을 기꺼이 따르겠습니까?"+

결론적으로 정리하면, 북미 메도디스트 전통의 주요 교단은 각자의 고유한 교리적 표준을 가지고 있으며 헌법적 효력을 지닌 교리문답을 가지고 있다. 각 교단은 또한 각자의 교리적 표준에 부합하지 않는 가르침을 전하는 사람들을 징계하거나 파문할 수 있는 교리적 요건을 가지고 있다. 그러나 이러한 교리적 표준이나 요건에 따른 징계 및 파면 조치는 금세기 들어 점차 줄어들거나 전무한 실정이다.

그렇다면 메도디스트 교리는 무엇이며 메도디스트교회들 사이의 합의는 또 무엇인가?
이 장 전반에 걸쳐 소개된 교리적 표준은 무엇이며, 그것들의 헌법적 효력은 또 무엇인가?
아니, 현재 그것들은 어떤 영향력을 행사하고 있는가?

지금까지 이 장을 충실히 읽어 온 독자라면 누구나 이 날카롭고 예리한 질문들을 던질 것이다. 따라서 필자는 이상의 질문에 충분히 공감하면서 메도디스트 교리에 관한 다음 세 가지 사항을 명확히 하고자 한다.

첫째, 오늘날 북미 메도디스트 전통의 주요 교단들 사이에는 교리적 표준, 찬송가, 예식, 에큐메니컬 운동 참여에 대해 많은 합의가 이루어져 있다.

둘째, 메도디스트 교리는 이 장에서 검토한 공식 및 비공식 교리 표준이 아닌 다른 출처에서 제시될 수 없다. 즉, 개인으로서의 메도디스트인들은 많은 것을 믿을 수 있지만, 메도디스트인들이 공동체로서 채택한 교리적 표준만이 그 공동체를 대표하여 말하는 기초(기준)가 될 수 있다.

셋째, 현대 문화에서, 특히 세속화가 심화되는 상황에서 메도디스트교회들은 그들의 중심 가르침이 무엇인지 명확히 할 필요가 있다.

이 장을 마무리하면서 필자는 다음 장의 논의에 각별한 주의를 요청하고자 한다. 제2장은 삼위일체론을 다룬다. 이 교리에 대한 전통적 입장은 〈종교강령〉, 〈신앙고백〉, 『찬송시선집』에서 찾을 수 있다. 그러나 제2장의 논의에서 중요한 것은 출처의 확인이 아니라 삼위일체 교리에 대한 메도디스트 교단 사이의 합의이며, 독자의 각별한 주의가 요청되는 것도 바로 이 지점, 즉 삼위일체 교리에 대해 하나의 공동체로서의 메도디스트인들이 도달한 실질적 합의 내용이다.

교리와 영성   C. S. 루이스는 『순전한 기독교』(*Mere Christianity*)에서 다음과 같이 말했다.

> 교리는 하나님이 아닙니다. 교리는 일종의 지도일 뿐입니다. 하지만 그 지도는 진정으로 하나님과 접촉한 수백 명의 사람들의 경험에 기초하고 있습니다.*

그리고 존 웨슬리는 교리적 정통성(doctrinal orthodoxy)에 대해 말하면서 그것 자체로는 "단지 종교의 매우 빈약한 부분"이라고 말했다.* 결국, 그들이 말하고자 하는 것은 우리 메도디스트인들이 보아야 할 것은 교리 자체가 아니라 그 교리가 말하고자 하는 신성한 신비라는 것이다.

우리 메도디스트인들은 종종 찬송가를 부르고, 설교를 듣고, 속회(구역) 모임에 참여하거나, 주일학교에서 성경 공부를 함으로써 교리를 가르치고 익힌다. 이 과정에서 우리는 인쇄된 말이나 구전(口傳)을 넘어 그것이 가리키는 영적 현실을 바라본다.

예를 들어, 삼위일체에 대해 가르칠 때 우리는 성부, 성자, 성령에 대한 이론적 봄이 아니라 삼위일체 하나님께 올려드리는 예배적 봄을 경험한다.

인간의 죄악된 본성에 대해 가르칠 때 우리는 형이상학이 아니라 하나님께서 우리 자신과 피조물을 치유하시는 손길에 주목한다.

우리가 교리를 가르칠 때, 그리고 교리를 익힐 때 우리는 오늘날 우리가 하나님의 임재 안에서 경험할 수 있는 삶을 교회의 집단적 지혜를 통해 탐험하고 있는 것이지 단지 그것이 기록한 말이나 구전에 침전(沈澱)되고 있는 것이 아니다.

메도디스트 교리 교육의 목적은 메도디스트의 정신사적 부흥이나 진보에 있지 않다. 우리의 빛나는 유산은 언제나 그보다 더 큰 목적, 즉 하나님의 통치와 그 나라의 도래를 위해 사용되어 왔다. 그러므로 우리는 메도디스트 교단 그 자체의 존속을 위해서가 아닌 우리의 역사적 사명이 하나님의 은혜로 성취되는 그 위대한 날을 위해, 즉 웨슬리의 유산이 마침내 "하나이고, 거룩하며, 보편되고, 사도로부터 이어 오는 교회"의 영광 속으로 녹아 드는 날을 위해 열렬히 기도해야 한다.

찰스 웨슬리(Charles Wesley)의 말을 빌리면 다음과 같다.

> 이름과 종파와 당파는 무너지리니 오, 그리스도시여, 당신 만이 만물 안의 모든 것이 되십시오!

참조

기독교 공동체를 정의하는 '핵심'(essential) 교리에 대한 존 웨슬리의 주장은, 예를 들어, 웨슬리가 니케아 신경을 복송한 〈어떤 로마가톨릭 교도에게 보내는 편지〉(Letter to a Roman Catholic, 1748)에서 살펴볼 수 있다.

반면에 메도디스트 운동의 결정적인 교리는 웨슬리의 〈더 자세히 설명된 메도디스트의 원리〉(Principles of a Methodist Farther Explained, 1746), VI:4-6과 같은 문헌에 잘 요약되어 있다. 참고로 이 문헌에서 웨슬리는 회개(repentance), 믿음(faith), 성결(holiness)이 메도디스트의 세 가지 핵심 교리라고 밝힌다.

"웨슬리안들의 교리적 표준"(Wesleyan Standards)에 관한 논쟁은 Heitzenrater, *Mirror and Memory*, 189-204; Oden, *Doctrinal Standards in the Wesleyan Tradition*을 참조하라.

기독교의 역사적 교리와 관련된 수용 및 사용에 관해서는 Harmon, "The Creeds in American Methodism," 1:563을 참조하라.

사도 계승(Apostolic Succession)과 종교 형식주의(Religious Formalism)에 관한 아프리카감리교감독교회(AME)의 선언은 다음과 같다.

우리는 사도신경의… 질서 있는 반복이 [영적 예배의] 달성에 기여할 수 있음을 인정합니다+(AME *Discipline* 1976, 31에서 인용).

『교회일치를 위한 협의회의 합의』(*COCU Consensus*)는 Burgess and Gros, *Growing Consensus*, 42에서 참조했고, 『리마 문서』(BEM)의 인용문은 1982년 인쇄본의 4쪽에서 가져왔다.

교인 자격에 대한 교리적 요건 및 질의 응답에 관해서는 감리교회(MC)의 1935년도 『찬송가』(*Hymnal*), 543, 연합감리교회(UMC)의 1964년도 『찬송가』(*Hymnal*), 828(그리고 각주 829), 1988년도 『찬송가』(*Hymnal*), 35를 참조하라.

평신도가 교회의 교리와 상반되는 교리를 가르친 이유로 파문당할 책임은 연합감리교회(UMC)의 2008년도 『장정』(*The Book of Discipline*), 2702.3.d (755)에 명시되어 있다.

전통적으로 연합감리교회(UMC) 안수 사역 후보자에게 묻는 질문은 연합감리교회(UMC)의 2008년도 『장정』(*The Book of Discipline*), 336, 질문 8-10; 아프리카감리교성공회 시온교회(AME Zion)의 1994년도 『장정』(*Discipline*), 79; 그리스도교감리교회(CME)의 1994년도 『장정』(*Discipline*), 420.3 (110)을 참조하라.

안수 목사가 교회의 교리와 상반되는 교리를 가르친 이유로 파문당할 책임은 연합감리교회(UMC)의 2008년도 『장정』(*The Book of Discipline*), 2702, 항목 "f"에서 논의된다.

C. S. 루이스의 인용문은 『순전한 기독교』(*Mere Christianity*), 136을 참조하라.

정통성(orthodoxy)이 그 자체로는 "단지 종교의 매우 빈약한 부분"이라고 말한 존 웨슬리의 주장은 〈메도디스트라 불리는 사람들에 대한 평이한 해설〉(Plain Account of the People Called Methodists, 1748), I:2를 참조하라.

추가 참조

교리의 정의에 관한 설명은 Campbell, *Christian Confessions*, 2-5; Jones, *United Methodist Doctrine*, 17-95를 참조하라.

웨슬리 공동체의 대중적 영성과 관련된 교리 문제에 대한 몇 가지 관점은 Campbell, *Wesleyan Beliefs*, 10-14 및 *passim*에서 제시된다. 그러나 이와 관련된 더 많은 자료는 Oden, *Doctrinal Standards in the Wesleyan Tradition*; Cushman, *John Wesley's Experimental Divinity*; 그리고 Abraham, *Waking from Doctrinal Amnesia*를 참조하라.

*The Wesleyan Studies Project: Methodist Doctrine video series*의 첫 강좌를 맡은 테드 A. 캠벨(Ted A. Campbell)과 샤론 그랜트(Sharon Grant)의 비디오 수업에서 캠벨과 그랜트는 기독교 교리에 관한 개념적 이해를 웨슬리의 관점에서 소개한다.

〈보편 정신〉(Catholic Spirit)이라는 제목의 존 웨슬리의 설교는 교리, 의견 및 예배 방식 간의 관계에 대한 웨슬리의 이해를 담고 있다(Campbell, *Wesley Reader*, 137-58).

제1장

기독교의 권위

예수님은 자신에게 모든 권한이 있다고 말씀하신 후(마 28:18) 그 권한을 사도들에게 주시며 다음과 같이 말씀하셨다.

> 내가 너희에게 분부한 모든 것을 가르쳐 지키게 하라 … (마 28:20).

또한, 보혜사 성령을 보내사 그들을 모든 진리 가운데로 인도하는 스승이 되게 하셨다(요 16:13). 기독교 교회는 사도들처럼 보혜사 성령의 조명 아래서 예수님의 모범을 따르도록 부름 받았다. 그러므로 그들은 그들의 권면과 가르침을 사도들의 가르침, 아니 예수의 권세 있는 가르침에 일치시켜야 할 사명이 있다.[1]

기독교의 권위는 어디에서 오는가?

역사적으로 그리스도인들이 기독교의 권위를 이해하고 설명하는 방식에는 차이가 있었다. 그리고 이러한 차이는 그들을 서로 분리시켰다. 동방정교회와 서방의 가톨릭교회는 하나님의 말씀인 성경과 교회의 전통에서 기독교의 권위를 찾았다.

종교적 권위

---

[1] 역자 주: 이상의 단락은 필자가 역자에게 성경 말씀과 함께 추가할 것을 요청한 부분이다.

반면에 종교개혁자들은 교회의 전통이 지닌 권위에 의문을 제기하고 오직 성경만을 기독교의 권위로 삼았다. 그리고 종교개혁 이후 비교적 근대 후기에 와서는 인간의 이성과 공통 경험을 성경 이외의 2차적 권위로 받아들였다.

성경의 충분성과 수위성

〈종교강령〉 5

UMC〈신앙고백〉 4
UMC의 〈우리의 신학적 과제〉

아프리카감리교감독교회(AME), 아프리카감리교성공회 시온교회(AME Zion), 그리스도교감리교회(CME), 연합감리교회(UMC)가 보편적으로 인정하는 〈종교강령〉(Twenty-Five Articles of Religion)은 제5조에서 "성경의 충분성"을 주장한다.

성경의 충분성이란, 성경이 "구원에 필요한 모든 것을 담고 있으며" 그 안에 계시된 하나님의 말씀의 권위를 능가할 다른 권위가 없다는 것을 의미한다. 〈종교강령〉에서 강조하고 있는 성경의 충분성(또는 수위성) 개념은 연합감리교회(UMC)의 〈신앙고백〉(Confession of Faith)과 〈우리의 신학적 과제〉(Our Theological Task)라는 교리 선언문에도 분명하게 제시되어 있다.

그러므로 기독교 권위의 문제에 있어서 메도디스트인들은 중세 가톨릭의 타락과 부패를 개혁하기 위해 교회의 전통보다 성경의 권위를 우선시하고 오직 성경의 정신을 강조한 개신교 종교개혁의 신학에 동조하고 있다.

하지만 기독교 권위에 대한 메도디스트인들의 이해는 근본주의자들의 이해와 일치하지 않는다. 메도디스트인들은 성경이 구원에 이르는 길을 가르치는 데 실패하지 않는다는 것을 인정하지만 그것이 곧 성경의 '무오성'(inerrancy) 또는 '무류성'(infallibility)을 의미하지는 않는다고 주장한다. 그리고 그들은 또한, 성경의 일차적 권위가 교회의 전통, 인간의 경험, 이성에 대한 비판적 성찰을 근본적으로 배제하지 않는다고 주장한다.

〈종교강령〉 제6조는 성경의 통일성을 주장한다. 성경의 통일성은 한 하나님께서 두 성경(구약과 신약) 모두에서 그리스도를 통해 구원을 제공하신다는 것을 의미하며, 성경의 충분성에 대한 제5조의 주장과 함께 성경이 그리스도를 통한 구원의 단일한 이야기를 말하고 있다는 믿음을 확인시켜 준다. 〈종교강령〉 제6조가 강조하는 성경의 통일성은 존 웨슬리가 어머니 수잔나와의 대화에서 자주 언급한 "신앙의 유비"(analogy of faith)와 관련이 있다.

웨슬리 신학에서 신앙의 유비는 성경 전체의 핵심 메시지가 구원의 이야기를 담고 있다는 점에서 유비적 연속성을 갖는다는 것이다. 메도디스트인들은 일반적으로 웨슬리의 믿음의 유비 개념을 받아들이지만, 최근 성경 해석의 급속한 발전을 이끈 다양한 성경 비평 방법도 받아들인다. 그리고 이 둘을 종합하여 성경의 다양한 해석의 중심에는 항상 예수 그리스도의 구원의 메시지가 있음을 주장한다.

실제로 〈우리의 신학적 과제〉에서 연합감리교회(UMC)는 "초기 유대-기독교 유산 안에 존재하는 해석의 긴장을 반영하는 다양한 전통"을 명시적으로 인정하는 동시에 "이러한 전통이 하나님의 계시의 근본적인 통일성을 표현하는 방식으로 엮여 있다"고 주장한다.

메도디스트인들은 성경을 통해 계시된 하나님이 사도 시대 이후에도 계속 역사하신다고 믿기 때문에 교회의 **전통**을 귀하게 여긴다. 그러나 그들에게 전통은 과거의 모든 사건을 의미하지 않는다. 기독교 공동체의 모든 역사에 하나님께서 역사하셨음은 분명하지만 그들은 하나님의 임재를 분명히 알 수 있는 시간, 귀한 유산으로 여기고 흠모할 수 있는 과거를 전통으로

성경의 통일성

〈종교강령〉 6
UMC 〈신앙고백〉 4

UMC의 〈우리의 신학적 과제〉

전통

여긴다. 다시 말해, 메도디스트인들이 인정하는 교회 전통은 과거 기독교 역사의 전부가 아니라 하나님의 살아 계신 역사를 알아볼 수 있는 과거의 일부이다.

〈종교강령〉 14-16
AME 사도 계승과
종교 형식주의

한편으로 메도디스트인들은 기독교 역사에서 과거의 많은 부분이 하나님의 계획을 따르지 못했다는 종교개혁 전통의 의심과 비판을 공유하고 있다. 〈종교강령〉 제14, 15, 16조는 종교개혁자들이 부패한 것으로 규정한 기독교 전통의 일부 가르침과 관습을 정죄한다. 아프리카감리교감독교회(AME)는 '사도 계승'(Apostolic Succession)과 '종교 형식주의'(Religious Formalism)에 대한 성명을 통해 사도 계승에 대한 무비판적 수용을 거부하고 기독교 역사에 만연한 감독(주교)의 부패와 예배 형식주의를 비판한다.

그러나 다른 한편으로 메도디스트인들은 그들보다 앞서 하나님의 임재를 누린 기독교 전통의 오랜 역사를 존중한다. 그들은 사도신경과 니케아 신경과 같은 고대 신조를 경모하고 그 신조에 자신들의 목소리를 넣어 선조들의 신앙고백과 함께 자신들의 신앙고백을 엮어 나간다. 이는 메도디스트인들의 예배에서도 동일하게 확인될 수 있다.

그들의 예배에는 고대와 중세 기독교 전례의 흔적이 담겨 있고, 찬송가에는 개신교, 가톨릭, 동방정교회 전통을 포함한 다양한 기독교 전통의 오랜 목소리가 담겨 있다. 더욱이 연합감리교회(UMC)는 1970년에 열린 특별 연회에서 〈종교강령〉의 일부 반가톨릭적 진술이 가톨릭 신앙의 전체 유산을 겨냥한 것이 아니라 중세 기독교 전통의 부패에 국한된 것임을 명확히 하는 결의안을 채택했다(참고로 그중 일부는 종교개혁자들에 의해 오해된 부분도 있다).

그리고 〈우리의 신학적 과제〉에서는 기독교 전통에 관한 비판적 사용이 기독교 가르침의 원천이자 기준이 될 수 있음을 선언한다.

이 밖에도 연합감리교회(UMC)는 〈우리의 신학적 과제〉에서 기독교 가르침의 원천이자 기준으로서 이성과 경험의 사용을 긍정한다.

이성과 경험

UMC의 문서
〈우리의 신학적 과제〉

이성은 인간이 개인으로서 그리고 공동체로서 세계를 성찰하는 다양한 방식을 가리킨다. 존 웨슬리는 보편 은총의 인도를 받는 이성이 하나님의 존재와 도덕적 책임의 필요성을 분별할 수 있고 심지어 성경의 일부 의미를 드러낼 수 있다고 믿었다. 또한, 웨슬리는 **경험**, 특히 인간이 하나님과 접촉하는 것을 소중히 여겼다. 그리고 신적인 것에 대한 우리의 경험이 우리 자신의 영적인 체험을 이해하고 (이성과 결합하여) 성경의 의미를 명확히 할 수 있다고 믿었다.

웨슬리는 물질 우주에 대한 인간의 이성적 성찰과 경험이 영적 문제에 대해 많은 것을 가르쳐 줄 수 있다고 믿었다. 그러나 그는 이성과 경험이 스스로 설 수 없으며 성경에 의해 조명되어야 한다고, 즉 성경의 인도하심을 받아야 한다고 주장했다.

그러므로 웨슬리의 후예인 우리 메도디스트인들은 성경과 전통에 따라 인도된 이성과 경험이 기독교 권위의 일부로 인정될 수 있음을 기억하고 우리 시대, 문화, 상황의 문맥에 맞게 기독교의 가르침을 전달하는 수단으로서 사용될 수 있도록 해야 한다.

1972년 연합감리교회(UMC)는 〈우리의 신학적 과제〉에서 "연합감리교회의 교리 지침"(Doctrinal Guidelines in The United Methodist Church)을 설명한다. 이 설명에 따르면, 전통, 이성, 경

"웨슬리안 사변형"

험은 성경과 함께 메도디스트인들이 받아들이는 기독교의 권위이며 "웨슬리안 사변형"(Wesleyan Quadrilateral)이라고 불린다.

웨슬리안 사변형은 존 웨슬리가 직접 사용한 용어가 아니다. 웨슬리가 기독교의 권위로서 성경, 전통, 이성, 경험을 이해하고 사용한 것은 사실이지만, 그 용어 자체는 나중에 메도디스트인들이 발명한 것이다(주의: 웨슬리는 "전통"이라는 용어를 싫어했고 대신 "기독교의 과거"라는 용어를 즐겨 사용했다). 그리고 웨슬리는 성경, 전통, 이성, 경험을 대등한 권위로 인정하지 않고 성경을 나머지 셋 위에 있는 일차적 권위로 인정했다.

UMC의 문서 〈우리의 신학적 과제〉

따라서 연합감리교회(UMC)는 웨슬리의 해석을 따라 1988년 〈우리의 신학적 과제〉를 개정하면서 성경이 전통, 이성, 경험에 대한 일차적 권위를 가지고 있음을 분명히 했다.

요약하면, 성경, 전통, 이성, 경험은 웨슬리에 의해 전향적으로 사용되었지만 어느 정도의 차등적 권위를 가진 것으로 이해되었다. 그리고 훗날 신학적 체계로 발전하면서 웨슬리안 사변형이라는 현재의 이름을 갖게 되었다.

역사적으로 메도디스트인들은 그들의 권면과 가르침이 예수의 권세 있는 권면과 가르침과 일치하는지 테스트하고 분별하기 위해(또한, 성경에서 직접적으로 다루지 않는 윤리적, 실천적 현안들을 기독교의 권위를 가지고 접근하기 위해) 웨슬리안 사변형을 사용했다.

하나님의 권위와 그리스도인의 삶

성경, 전통, 이성, 경험을 기독교의 권위로, 혹은 가르침의 원천이자 기준으로 삼는 행위는 하나님이 우리 삶의 인도자가 되셔야 한다는 믿음을 전제로 한다. 그러나 우리는 하나님의 권위를 진정으로 소중히 여기는지 자문해 볼 필요가 있다. 성경 구절의 의미를 추측하고 해석하는 것과 "성경에 의해 변화되기를 기대하는 것"은 전혀 다른 문제이다.

우리가 성경과 전통과 이성과 경험 안에서 역사 내주하시는 하나님에 의해 진정으로 변화되기를 기대하지 않는다면, 우리는 성경과 다른 수단을 통해 우리를 변화시키고자 하시는 하나님의 뜻과 능력을 무시하고 있는 것이다. 즉, 우리의 권면과 가르침에 기독교의 권위가 있다는 것은 오늘날 우리가 하나님의 말씀을 분별할 때 하나님께서 도전하시고, 위로하시고, 인도하시고, 기대하시는 삶을 살고 있다는 것이다.

참조

성경의 통일성에 대한 위의 인용문은 UMC의 〈우리의 신학적 과제〉의 "성경" 섹션에서 발췌한 것이다(UMC의 2008년도 『장정』(*The Book of Discipline*), 104, p. 79).

"웨슬리안 사변형"(Wesleyan Quadrilateral)에 대해서는 Gunter et al., *Wesley and the Quadrilateral*을 참조하라.

"웨슬리안 사변형"(Wesleyan Quadrilateral)에 대한 보다 비판적인 접근은 Abraham, *Waking from Doctrinal Amnesia*, 56-65를 참조하라.

추가 참조

서로 다른 교회 전통이 종교적 권위를 두는 곳을 비교한 연구로는 Campbell, *Christian Confessions*, 33-38(동방정교회), 76-83(가톨릭), 133-44(개혁 및 연합교회), 205-17(복음주의 및 자유 교회)을 참조하라.

종교적 권위에 대한 웨슬리의 견해를 엿볼 수 있는 자료는 다음과 같다. Campbell, *Wesleyan Beliefs*, 40-42, 96-98, 211-19; Jones, *United Methodist Doctrine*, 127-43.

*The Wesleyan Studies Project: Methodist Doctrine video series*의 두 번째 강좌를 맡은 네스토르 O. 미구에즈(Néstor O. Míguez)와 톰 알빈(Tom Albin)의 수업을 통해 종교적 권위의 가르침이 웨슬리안 전통의 맥락에서 어떻게 논의되고 있는지 살펴보라.

제2장

하나님, 그리스도, 성령

기독교는 예수 그리스도를 하나님으로 고백하고 예배한다. 세계교회협의회(World Council of Churches, 이하 WCC)는 다른 종교 전통과 구별되는 기독교의 기본 정체성을 다음과 같이 정의한다.

> 예수 그리스도를 하나님과 구세주로 고백하는 이들의 친교.*

이 기본적인 기독교의 정체성 문제는 초기 기독교 공동체의 주요 의제였다. 실제로 고대 교회의 신조들, 특히 니케아 신경은 당시 기독교의 정체성에 대한 교회의 논쟁과 합의를 반영하고 있다. 다시 말해, 아버지와 아들과 영의 삼위일체 교리는 기독교의 기본 정체성을 설명하고 표현하는 역사적 방식이었다.

그리스도인은 정기적으로 "영광이 성부와 성자와 성령께 처음과 같이 이제와 항상 영원히, 아멘"을 노래한다. 삼위일체 교리는 예수 그리스도를 하나님으로 경배하는 것이 신학적으로 적절한가 하는 문제에서 비롯되었다.

주후 300년, 아리우스파 교사들은 예수 그리스도가 어떤 의미에서 "피조물"(창조된 존재)이며, 신성하지만 창조되지 않은 아버지와 같은 숭배를 받을 수 없다고 주장했다. 주후 325년과

— 하나님, 그리스도, 성령에 대한 가르침

— 삼위일체 교리

니케아 신경

381년, 기독교 주교들은 아리우스파 교사들의 주장에 반대하여 니케아와 콘스탄티노플에서 공의회를 열고 역사적으로 니케아-콘스탄티노폴리스 신경(줄여서 니케아 신경)이라고 불리는 고대 신조를 공식화했다.

니케아 신경에 따르면, 다음과 같다.

> 예수 그리스도는 "낳으시고 지은 바 되지 않았으며, 아버지와 한 본질에 속하시고"(begotten, not made, being of one substance with the Father) 성령은 아버지와 아들과 "함께 경배를 받으시고, 영광을 받으시기에"(together is worshipped and glorified) 합당한 분이시다.

비록 "삼위일체"(Trinity)라는 단어가 명시적으로 사용되지는 않았지만, 니케아 신경은 성부, 성자, 성령이 동등하고 영원하신 하나님이시며 교회의 예배 대상이라는 삼위일체적 가르침을 분명히 고백하고 있다.

〈종교강령〉 1
UMC〈신앙고백〉 1

메도디스트인들은 니케아 신경을 준용(準用)한다. 따라서 그들은 1900년대 중반부터 자신들의 찬송가 속에 니케아 신경을 포함시키고 〈종교강령〉(Twenty-Five Articles of Religion) 제1조와 〈신앙고백〉(Confession of Faith) 제1조에서도 니케아 신경의 용어를 사용하여 삼위일체의 신비를 설명한다.

삼위일체 교리는 하나님이 실제로 누구인지 말하려는 시도가 아니다. 오히려 삼위일체 교리는 하나님의 신비가 우리의 언어와 표현 능력을 초월하기 때문에 하나님에 대해 말하려는 우리의 모든 인간적인 시도에 실질적 한계를 설정한다. 그 설정에 따르면, 우리는 아버지와 아들과 성령 사이의 인격적 관계를 부인할 정도로 하나님의 유일성을 강조할 수 없다. 그리고 하나님이 한 분이라는 믿음을 부인할 정도로 삼위 하나님의 관계를 강조할 수 없다.

이 밖에도 그 설정에 따르면, 많은 그리스도인은 하나님을 "아버지"와 "아들"이라고 부르고 있지만, 삼위일체 하나님의 내적 관계를 묘사하기 위해 반드시 남성 명사를 사용해야 하는 것은 아니다. 사실 하나님의 성별을 남성으로 확증하는 문제는 초기 기독교 공의회의 본래적 의도가 아니었다. 이는 메도디스트인들에게도 마찬가지였다. 그들도 삼위일체 하나님의 성별에 관한 문제를 한 가지 성(性)으로 확증하고 있지 않는다.

따라서 〈종교강령〉 제1조는 하나님께서 "몸이나 지체가 없는" 분이기 때문에 성별에 따라 하나님을 지칭하는 용어는 실질적 문제를 야기할 수 있다고 본다. 또한, 일부 메도디스트 신학자들은 삼위일체 하나님의 세 위격을 지칭하기 위해 다양한 대안적 표현을 찾고 예전적으로 실천하고 있다.

하지만 이러한 교리적 표준이나 신학자들의 시도에도 불구하고 "삼-일 하나님"(three-one God, 존 웨슬리가 선호하는 표현)을 가리키는 용어에 대한 합의는 여전히 메도디스트인들 사이에서 이루어지지 않고 있다.

삼위일체 교리는 그리스도가 참하나님이시며 성부 하나님과 "한 분이심"(of one being)을 분명히 하고 있다. 역사적으로 그리스도가 참인간이 되신 것과 그리스도 안에서 신성과 인성이 온전한 연합을 이루고 있다는 것을 밝히는 일은 대단히 중요했다. 고대 아프리카 주교(알렉산드리아의 아타나시우스, c.296-c.373)의 말에 따르면 "그리스도가 인간이 되신 것은 우리로 신이 되게 하기 위함이다."

참하나님과 참인간이신 그리스도

아타나시우스, 『말씀의 성육신에 관하여』(On the Incarnation of the Word)

> **칼케돈 공의회**
> (AD 451)
>
> 〈종교강령〉 2
> UMC 〈신앙고백〉 2

서기 400년대에 열린 한 주교 회의(칼케돈 공의회)는 그리스도께서 완전한 "신성"과 완전한 "인성"을 한데 결합시킨 분이라고 합의했다. 현재 〈종교강령〉과 연합감리교회(UMC)의 〈신앙고백〉은 이 역사적 합의를 전적으로 수용하여, 그리스도를 그 분의 "한 위격" 안에서 "두 본성"(신성과 인성)을 연합하신 분으로 가르치고 있다.

> **메도디스트 전통의 사도신경 변경**
>
> 사도신경

그리스도께서 참으로 인간이셨음을 가르치고 있는 역사적 표현 중 하나는 사도신경의 진술 중 하나인 그리스도가 "지옥에 내려가셨다"(descended into hell) 또는 "죽은 자 가운데 내려가셨다"(descended into the dead)는 것이다. 사도신경의 지옥강하 진술은 그리스도께서 죽음을 다른 모든 인간이 경험하는 것과 같이 참으로 경험하셨다는 것을 뜻한다.

> 베드로전서 3:19

베드로전서는 심지어 그리스도께서 돌아가셨을 때 "옥에 있는 영들에게 가서 선포하셨다"라고 말씀하는데, 이는 그리스도께서 구주로 오시기 전에 죽은 자들에게 복음을 선포하셨다는 초대 교회의 신앙을 그대로 반영한 것이다.

그런데 존 웨슬리는 〈종교강령〉에서 그리스도의 지옥강하를 주장하는 영국성공회의 39개 조항 중 제3조를 생략했다. 혹자는 이러한 생략이 웨슬리의 반대 입장이라고 생각할 수도 있지만, 당시 메도디스트인들의 신앙관을 어느 정도 반영한 결과라고 보는 것이 더 타당하다.

실제로 메도디스트인들이 그들의 찬송가에 사도신경을 수록하기 시작한 1800년대, 그들 중 그리스도의 지옥강하를 제대로 이해한 사람은 거의 없었다. 그들은 그리스도가 "지옥에 내려가셨다"(descended into hell)라고 말하는 것이 그리스도께서 심판의 자리(영원한 형벌의 장소라는 의미에서 "지옥", 제6장 참조)에 내려가셨다고 하는 고백이나 마찬가지라고 보았고, 따라서 그들의 찬송가에 수록된 사도신경으로부터 그 문제의 표현을 줄곧 삭제했다. 하지만 점차 그 의미가 명확해지고 깊어지면서 그리스도가 지옥으로 내려가셨다는 사도신경의 문구가 복원되었다.

초기 그리스도인들은 그리스도에 대해 많은 것을 말했지만 성령에 대해서는 거의 말하지 않았다. 이는 니케아 신경(325)이 381년에 수정되어 성령이 아버지와 아들과 동등하게 흠숭을 받아야 한다는 문구를 더했을 때도 마찬가지였다. 그들은 성령에 대해 상당히 적게, 제한적으로만 말했다.

〈종교강령〉 제4조와 〈신앙고백〉 제3조는 성령에 관한 초기 그리스도인들의 신경에서 이같이 제한적 발언을 수용하고 있다. 그런데 여기서 주목할 점은 이 두 개의 메도디스트 교리적 표준이 성령이 "아버지로부터 만이 아니라 그리고 아들로부터 [영원히] 발출한다"는 문구를 준용(準用)하고 있다는 것이다.

이때 "그리고 아들에게서"(and the Son)라는 이 표현, 이른바 필리오케(Filioque)는 중세 서방 교회의 니케아 신경에 추가되었는데, 이 추가된 표현이 문제가 되면서 동, 서방 교회가 갈라졌다.

과거나 지금이나 동방교회는 필리오케를 승인한 로마의 주교들이 니케아 신경을 바꿀 권한이 있다고 보지 않는다. 필리오케에 대한 동방교회의 우려 표시는 에큐메니컬적이며, 이는 개신교에서도 배제되지 않는다. 현재 많은 개신교 단체들이 이 같은 우려에 반응하여 필리오케 문구를 생략하는 일에 동참하고 있다. 그러므로 메도디스트인들은 이 필리오케에 관한 향후 논쟁에 직면할 수밖에 없다.

성령
니케아 신경

〈종교강령〉 4
UMC〈신앙고백〉 3

UMC〈신앙고백〉 3
1989년
UMC 『찬송가』
nos. 337-536

　연합감리교회(UMC)의 〈신앙고백〉에 표현된 메도디스트인들의 신앙은 인간에게 신적인 은혜를 부어주시고 "구원의 길"을 통해 인도하시는 성령의 역사를 일관되게 언급한다. 이러한 이유로 1989년 연합감리교회(UMC)의 『찬송가』(Hymnal)는 그리스도인의 삶에 관한 섹션 전체를 성령의 표제 아래 두고 있다.
　성령의 활동, 특히 성령께서 오늘날 우리 안에 역사하고 계신다는 것을 강조하는 메도디스트 신앙은 메도디스트의 종교적 헌신이나 영성, 즉 경건의 역사를 특징짓는 핵심 요소 중 하나이다. 하지만 그것은 또한 메도디스트 전통의 경계 안에 머물러 있지 않고, 그것을 뛰어 넘어 성결 운동과 오순절 운동으로 흘러들었다.
　메도디스트 전통의 경건 운동은 성령을 그리스도인의 삶의 길을 통해 우리를 인도하는 분으로 묘사한다. 그러나 우리는 구원이 삼위일체의 모든 위격들의 사역임을 분명히 해야 한다. 하나님의 비밀은 너무나 위대하고 놀라워서 우리는 하나님이 하시는 일을 다 분별할 수 없다.
　따라서 우리는 첫 번째 위격을 "창조주"로 고백하는 동시에 "만물이 말씀이신 그리스도로 말미암아 지은 바" 된 것임(요 1:3)을 인식하고, 우리가 안수를 받을 때 "오소서, 창조주 성령이여"라고 기도한다. 이는 우리가 구원의 경륜에 대해 가르칠 때도 마찬가지다. 구원의 역사에서 신격(Godhead)의 세 위격은 각각 우리를 위해 함께 일하신다(참조, 롬 8:12-17). 신격(Godhead)의 삼위는 결코 어떤 기능이나 수단으로 전락하거나 축소될 수 없다.
　메도디스트 교리가 삼위일체, 그리스도의 본성, 성령에 대해 가르치고 있는 것은 역사적인 기독교 공동체의 신앙과 일치하지만 둘 사이에는 한 가지 독특한 차이점이 있다.

이를 좀 더 구체적으로 설명하면, 우리는 앞서 메도디스트인들의 성령 이해에 관해 언급한 바 있다. 그들은 성령을 구원의 길로 우리를 인도하는 분이라고 본다. 다시 말해, 그들의 성령 이해, 더 넓게는 하나님 이해에는 그분의 인격적 본성(인도하심)을 강조하는 독특한 신심이 담겨 있다.

역사적으로 메도디스트인들은 이처럼 독특한, 또 어떤 면에서는 역사적 기독교 공동체의 신앙으로부터 구분되는 그들의 신심을 찬송시에 줄곧 반영해 왔다. 예를 들어, 찰스 웨슬리의 찬송시 〈내 영혼의 연인, 예수〉(Jesus, Lover of My Soul)가 그렇다. 이 밖에도 우리는 이처럼 독특한, 즉 신성에의 인격적 강조를 프랜시스 제인 크로스비(Frances Jane Crosby)의 〈죄짐 맡은 우리 구주〉(What a Friend We Have in Jesus)와 같이 1800년대 후반을 풍미한 메도디스트 복음 찬송가에서 발견할 수 있다.

> 1984년 AME『찬송가』 nos. 323 및 325; 1987년 CME『찬송가』 no. 340; 1989년 UMC『찬송가』 no. 526

그리고 이 같은 강조, 곧 하나님의 인격적이고 관계적인 본성에 대한 메도디스트 전통의 독특한 관심은 때때로 다른 기독교 전통에서 강조된 하나님의 객관적 권능에 대한 적절한 신학적 보완이 되어 왔다.

메도디스트 전통의 또 다른 역사적 특징은 모든 인류에 대한 하나님의 사랑과 자비를 그들이 강조하고 있다는 것이다. 실제로 그들은, 찰스 웨슬리의 찬송시를 가지고 "오 놀라운 사랑! 나의 하나님이여, 어찌 날 위하여 죽으시리이까"라고 경탄해 왔고, 프랜시스 제인 크로스비의 노랫말을 따라 하나님의 긍휼을 "너희를 향해 외치는 소리, 오 너희는 하나님을 듣고 그 분께로 돌아가라! 그분은 크고 놀라운 자비요, 사랑이시니"라고 찬미해 왔다.

> **인류에 대한 하나님의 사랑 강조**
>
> 1984년 AME『찬송가』 no. 279; 1987년 CME『찬송가』 no. 169

하나님의 사랑. 하나님의 자비. 그 경이롭고 신성한 애정에 대한 그들의 강조는 결코 하나님의 능력에 대한 기독교 전통의 역사적 믿음과 충돌하지 않는다. 단지 그들은 그 '것'에로의 헌신에 더 큰 강조점을 두고 있을 뿐이다.

예배하기 위해 모일 때 우리는 공동체로서 궁극적으로 중요한 것이 무엇인지 확인한다. 우리는 하나님의 최종 실재가 거룩한 삼위일체임을 확인하기 위해 매주 첫날 교회에서 다른 그리스도인들과 함께 모인다. 그리고 삼위일체에 대한 그 확신 속에서 일주일을 살아간다.

루터는 제1계명에 대해 설명하면서 이렇게 말한 바 있다.

> 당신의 마음이 집착하고 자신을 맡기는 것이 바로 당신의 하나님입니다.✝

루터의 이 말이 시사하고 있는 것은 분명하다. 우리는 하나님보다 다른 것에 집착하고, 다른 것을 우리의 신으로 삼으려는 끊임없는 유혹에 직면한다. 하지만 우리는 예배를 통해 하나님에 대한 우리의 확신을 더 굳게 하며, 예배 중에 우리 경배의 진정한 대상인 삼위일체를 호명한다.

"성부와 성자와 성령께 영광이 있을지어다."

참조

세계교회협의회(WCC)의 헌법적 "근거"는 Bettenson, *Documents of the Christian Church*, 333을 참조하라.

여백주:
1984년 AME 『찬송가』 no. 459; 1989년 UMC 『찬송가』 no. 363

예배와 신앙 생활

루터의 『대교리문답』 (*Larger Catechism*)

제1계명에 대한 루터의 주해는 Tappert, *The Book of Concord*, 365에 주어진 『대교리문답』(*Larger Catechism*)에서 발췌한 것이다.

추가 참조

서로 다른 교회 전통이 하나님, 그리스도, 성령, 신성한 삼위일체에 대한 교리를 설명하고 접근하는 방식의 차이를 비교한 일반적인 연구로는 Campbell, *Christian Confessions*, 38-47(동방정교회), 83-89(가톨릭), 145-50(개혁 및 연합교회), 218-24(복음주의 및 자유교회)를 참조하라.

하나님, 그리스도, 성령에 관한 가르침을 웨슬리안 교리와 대중 종교 문화에서 더 자세히 논의한 연구로는 Campbell, *Wesleyan Beliefs*, 36-40, 91-96, 119-46, 207-11; Jones, *United Methodist Doctrine*, 99-125를 참조하라.

1984년 아프리카감리교감독교회(AME)의 『찬송가』(*Hymnal*), *The Wesleyan Studies Project: Methodist Doctrine video series*의 세 번째 강좌를 맡은 스콧 J. 존스(Scott J. Jones) 감독의 비디오 수업은 웨슬리안 전통의 맥락에서 삼위일체 신학과 기독론에 대한 가르침을 논의한다.

원래 가사는 "천국의 소리를 들어라"(Hark, How All the Welkin Rings)로 시작하고 있지만 훗날 조지 휫필드가 오늘날 잘 알려진 "천사 찬송하기를"(Hark! The Herald Angels Sing)로 변경한 찰스 웨슬리의 성탄절 찬송가, 그리고 "예수 부활했으니"(Christ the Lord is risen today)란 가사말로 시작한 부활절 찬송가는 예수 그리스도의 인격과 구원 사업에 대한 풍부한 이해를 표현하고 있으며, 이 두 찬송가 가사의 본래 버전은 Campbell, *Wesley Reader*, 49-53에서 볼 수 있다.

존 웨슬리는 그의 〈어떤 로마가톨릭 교도에게 보내는 편지〉(Letter to a Roman Catholic, 1748)의 단락 6-8에서 삼위일체에 대한 자신의 신앙을 확증한다(Campbell, *Wesley Reader*, 161-63).

제3장

인간 본성과 구원

인간의 본성과 구원에 관한 기독교의 역사적 가르침은 인간의 죄악된 상태, 즉 타락한 상태와 그 상태를 치유하려는 하나님의 의도를 설명하려고 시도한다. 이 같은 시도는 물론 개신교 신학의 최전선에 놓여 있다. 때문에 인간 본성과 구원에 대한 메도디스트의 가르침 중 상당수가 종교개혁의 유산과 일치한다.

하지만 우리는 존 웨슬리의 역할을 간과할 수 없다. 웨슬리는 메도디스트 전통의 구원 이해에 상당히 독특한 공헌을 한 인물이다. 특히, 웨슬리가 말하는 "구원의 길"(way of salvation), 즉 하나님의 구원 의지가 인간의 삶을 통해 실현되는 방식을 체계적으로 이해하고 정리한 웨슬리의 시도는 단순히 종교개혁 전통에서 물려받은 것이라고 치부하기엔 어렵고 복잡 미묘한 구석이 있다.

결국, 인간의 본성과 구원에 대한 이 두 전통 사이의 이해는 보다 명확하고 분명하게 (구분적으로) 검토될 필요가 있다. 따라서 본 장에서는 먼저 종교개혁 전통에서 물려받은 인간의 본성과 구원의 문제에 더 포괄적인 초점을 맞추고, 다음 장에서는 웨슬리의 "구원의 길" 문제로 돌아가 이를 좀 더 면밀하게 검토해 볼 것이다.

인간의 상태와 구원에 관한 가르침

은혜에 대한 보편적 필요성

〈종교강령〉 7-8
UMC〈신앙고백〉 7
AME〈교리문답〉
qq. 15, 51-53

역사적으로 메도디스트 교리는 모든 인간이 하나님의 은혜를 필요로 한다는 종교개혁의 주장을 인정하고 있다. 우리는 우리 자신을 구원할 수 없다. 〈종교강령〉 제7조는 모든 인간이 "원죄"(original sin) 아래 있다고 말하고 있으며, 제8조는 인간이 은총의 도움이나 조력과 상관없이 스스로 자유의지를 갖지 못한다고 명시하고 있다. 한마디로 이 두 조항은 우리의 구원이 우리 자신의 일이나 노력이 아니라 하나님의 은혜의 결과라는 것을 매우 분명하게 보여 준다.

우리의 구원이 하나님의 은혜의 결과라고 하는 메도디스트 신앙의 교리적 전제는 인간이 하나님의 형상대로 창조되었고 본래(즉, 처음에, 그들이 타락하기 전에) 하나님께서 의도하신 완전한 의(perfect righteousness)와 거룩함(holiness)을 부여받았다는 것이다. 따라서 제7조는 원죄가 존 웨슬리가 종종 "원래의 완전성"(original perfection)이라고 불렀던 원의(original righteousness)에서 타락한 것이라고 말한다.

원의와 원죄

〈종교강령〉 7
성공회 39개 조항
제9조

원죄에 대한 메도디스트 신앙의 교리적 근거인 제7조는 원죄가 "모든 사람의 본성의 부패"를 의미한다고 말한다. 즉, 우리는 죄로 "감염된"(infected) 세상을 살고 있으며 그 감염은 우리 각자에게 영향을 미친다. 그러나 웨슬리가 1784년에 편집한 〈종교강령〉 제7조는 기존의 성공회 조항(보다 정확히는, 잉글랜드국교회의 39개 조항[Thirty-nine Articles of Religion] 제9조)에서 "이 세상에 태어난 모든 사람은 [원죄]로 인해 하나님의 진노와 저주를 받아 마땅하다"라는 문구를 생략한다.✝

이미 앞서 살펴본 것처럼 웨슬리의 누락(생략)은 항상 반대를 뜻하지 않는다. 하지만 웨슬리는 하나님께서 원죄만을 근거로 사람을 정죄하실 것인지에 대해 의구심을 표했다.✝

우리 인간의 본성은 원죄에 의해 부패했다. 그래서 은총의 도움이나 조력이 필요하고, 만일 그것이 없으면 원죄에 의해 타락한 우리 인간의 본성은 필연적으로 "실제 죄"(actual sin), 즉 우리가 참으로 책임을 지고 하나님의 심판을 받아야 마땅한 죄로 이어질 수밖에 없다.

따라서 웨슬리의 누락(생략)에는 다음과 같은 함의가 있다. 메도디스트 교리의 근저에는 웨슬리의 사려 깊은 의구심이 있다. 웨슬리는 원죄 자체가 하나님의 정죄를 받아 마땅한 것인지를 두고 고뇌했다. 그러나 그는 여전히 모든 인간이 실제 죄(다른 말로 하면, 자범죄)에 빠진다고 믿었기 때문에 하나님의 은혜에 대한 보편적 필요성을 제기했다.

메도디스트인들은 은혜에 대한 보편적 필요를 줄곧 제기했다. 그러나 다른 한편으로 그들은 인간의 "자유의지"에 대해서도 강조했다. 그리고 인간 자신이 하나님의 명령에 순종하여 선을 행하고 악에 대항할 수 있는 힘과 능력을 가지고 있다고 설교했다.* 메도디스트인들은 항상 하나님의 은혜가 성취할 수 있는 것에 대해 낙관적이었고, 모든 사람이 일종의 자유의지를 가지고 있다고 말해 왔다(다음 단락 참조).

>인간의 타고난 능력을 믿게 만드는 메도디스트 전통의 유혹

하지만 그것이 곧 인간의 공로나 노력을 그들이 낙관했단 뜻은 아니다. 실제로 그들의 가르침을 보면, 그들이 낙관한 것은 인간의 "자연적"(본성적) 능력이 아니고 하나님의 은혜였다. 보다 정확히 말하면, 하나님의 은혜의 결과로 주어진 자유의지를 그들은 그들의 가르침 안에서 수용하고 낙관했다.

결국, 메도디스트인들이 자유의지를 비롯하여 인간의 본성과 구원에 대해 낙관할 수 있었던 것은 하나님의 은혜에 대한 보편적 필요, 즉 하나님의 은혜가 모든 인간에게 **보편적으로**

>은혜의 보편적 가용성

주어진다는 것을 전제로 하고 있기 때문에 가능한 것이다. 웨슬리와 메도디스트인들은 "제한적 속죄"(limited atonement) 교리를 거부했다.

잘 알려진 바와 같이, 제한적 속죄 교리는 오직 특정한 인간만이 구원을 위해 하나님의 예정 또는 선택을 받았고 다른 이들은 하나님의 저주를 받게 될 것이라는 가르침이며, 이는 일반적으로 누가 구원받을 것인지 아닌지에 대한 하나님의 미리 정하심(엡 1:5), 곧 "예정"(predestination)에 대한 깊은 믿음과 관련이 있다.

하지만 존 웨슬리는 그리스도가 "[모든] 사람을 비추는 참 빛"(요 1:9)이라고 주장했고, 찰스 웨슬리도 모든 인간이 복음 잔치에 초대되어야 한다고 노래했다.

> 하나님이 온 인류에게 명하셨으니 여러분 가운데 단 한 사람도 버려질 필요가 없다(Ye need not one be left behind, for God hath bidden all mankind)."

따라서 웨슬리와 메도디스트인들은 하나님이 모든 인간의 구원을 뜻(will)하지 않으신다는 것을 암시하는 어떤 형태의 예정론도 거부한다.

이 거부, 즉 모든 형태의 예정론에 대한 부정과 은혜의 보편적 필요에 대한 긍정은 웨슬리의 가르침을 루터, 칼빈, 그리고 서구 신학 전통의 가장 큰 계통이자 누가 구원받을지에 대한 하나님의 선택, 예정, 미리 정하심을 강조한 '아우구스티누스적' 전통과 대립하게 만들었다.

여백 주석:
1984년 AME 『찬송가』 no. 234; 1989년 UMC 『찬송가』 no. 339

알미니안 전통

하지만 그것은 또한 웨슬리의 가르침을 또 다른 계통의 기독교 전통, 즉 동방 기독교 전통, 예수회 전통, 야콥 아르미니우스와 같은 개신교 전통과 나란히 설 수 있게 만들었다. 참고로 덧붙이면, 이들 세 전통은 모두 은혜의 보편적 가용성을 주장하며 웨슬리와 네덜란드 신학자 아르미니우스 사이의 연관성 때문에 웨슬리의 보편적 은혜에 대한 가르침은 종종 알미니안적이라고 평가된다.

메도디스트의 가르침이 "알미니안적"이라는 평가에는 인간의 자유의지에 대한 믿음도 한몫한다. 메도디스트인들은 모든 인간이 은혜의 결과로 그리스도를 따르거나 거부할 자유의지를 가지고 있다고 믿는다. 그런데 여기서 우리가 주목할 것은 단순히 자유의지가 있느냐 없느냐가 아니라 "은혜의 결과로"라고 하는 조건절이다.

이를 좀 더 정확히 설명하면, 〈종교강령〉 제8조에서 메도디스트 신앙공동체는 명시적으로 인간의 "본성적"(natural) 자유의지를 부인하고 있다. 왜냐하면, 이때의 "본성적"이란 말은 '우리 자신에 의한'(by ourselves) 또는 '은혜와 무관한'(apart from grace)을 의미하기 때문이다. 결국, 메도디스트인들의 교리적 주안점은 오직 "은혜의 결과"에 의한 자유의지에 있다.

그리고 이것이 시사하는 바는 우리가 기독교 신자이든, 다른 종교적 전통을 따르는 사람이든, 무신론자이든 상관없이 하나님이 모든 인간 존재 안에서 일하기를 원하시고 기대하신다는 것이다. 인간의 "자유의지"와 인간이 실제로 행하고 있는 선한 일은 하나님의 은혜가 인간 안에서 역사하고 있음을 보여 주는 표지다. 그리고 인간을 향한 하나님의 구원에 있어서 그분의 주도권은 인간 편의 자유로운 의지나 반응을 묵인하거나 말살

자유의지

〈종교강령〉 8
UMC 〈신앙고백〉 7

하지 않고, 도리어 하나님의 "놀라운 은혜"에 응답할 수 있도록 허용하고 능력을 부여하며 (인격적으로) 요청한다.

결국, 하나님의 은혜에 대한 보편적 필요와 은혜의 보편적 가용성에 대한 웨슬리의 인식은 그리스도인으로서 우리 메도디스트인들의 삶에 기본적인 틀을 제공한다. 특히, 그리스도인이 일생 동안 따라야 할 신앙의 형태에 다양한 문법을 공급해 줄 수 있는데, 다음 장에서 우리는 이들 가운데 명확히 웨슬리적인 문법을 탐구할 것이다.

그러나 여기서는 그리스도인의 삶과 신앙 여정의 시작과 끝이 하나님의 은혜로 뒷받침된다는 점을 언급하며 논의를 마무리하고자 한다.

구원과 치유에 대한 소망은 우리 자신의 능력이 아닌, 오직 하나님의 능력에 근거한다. 세상의 거룩한 의화, 성화에 대한 소망도 그렇고, 하나님의 평화, 하나님의 공의, 하나님의 사랑이 충만한 세상에 대한 기대나 염원, 그리고 희망도 그렇다. 이 모든 소망은 "예수의 피와 의가 아닌 다른 어떤 것으로 이루어질 수 없다"(에드워드 모트).

참조

〈종교강령〉(Twenty-Five Articles of Religion) 제7조의 본래 버전인 39개 조항(Thirty-nine Articles of Religion) 제9조는 Leith, *Creeds of the Churches*, 269-70을 참조하라.

사람들이 원죄만을 근거로 해서 정죄를 받을 것인지에 대한 웨슬리의 고뇌와 의구심은 존 메이슨(John Mason)에게 보낸 편지, 1776년 11월 21일(Telford, *Letters of the Reverend John Wesley*,

6:239-40)을 참조하라.

인간의 타고난 능력과 자유의지를 주장하는 메도디스트 신학의 경향은 차일스(Chiles)가 *Theological Transition in American Methodism*에 정리해 두고 있는데, 특히 제5장 "From Free Grace to Free Will," 144-83을 참조하라.

추가 참조

서로 다른 교회 전통이 인간의 본성과 구원에 관한 교리를 설명하고 접근하는 방식의 차이를 비교한 일반적 연구로는 Campbell, *Christian Confessions*, 47-53(동방정교회), 90-96(가톨릭), 150-62(개혁 및 연합교회), 224-35(복음주의 및 자유교회)를 참조하라.

웨슬리안 공동체의 인간 본성과 구원 교리에 대한 더 자세한 논의는 Campbell, *Wesleyan Beliefs*, 44-46, 98-100, 219-26; Jones, *United Methodist Doctrine*, 145-93을 참조하라.

*The Wesleyan Studies Project: Methodist Doctrine video series*의 네 번째와 다섯 번째 강좌를 맡은 J. C. 박(J. C. Park), 스콧 키스커(Scott Kisker), 일레인 로빈슨(Elaine Robinson)의 수업을 통해 인간의 본성과 구원에 대한 근본적인 가르침이 웨슬리안 전통의 맥락에서 어떻게 논의되고 있는지 살펴보라.

예비(선행)적 은총의 보편적 가용성에 관한 웨슬리의 이해는 찰스 웨슬리의 찬송시 〈위대한 만찬〉(The Great Supper)을 참조하라(이 찬송시는 "죄인들아, 복음의 잔치에 오라"란 가사로 시작되며, Campbell, *Wesley Reader*, 133-36에 수록되어 있다).

제4장

웨슬리의 독특한 교리, "구원의 길"

"구원의 길"에 관한 가르침

존 웨슬리와 초기 메도디스트인들은 하나님의 은혜에 대한 인간의 보편적 필요와 은혜의 보편적 가용성에 대한 근본적인 가르침에 기초하여 실제로 은혜의 삶을 사는 과정에 깊이 매료되었다.

웨슬리는 그의 설교 〈성경적 구원의 길〉(The Scripture Way of Salvation)에서 이 과정을 "구원의 길"로 묘사했다. 그는 또한 자신을 종교적 삶의 사회과학적 관찰자로 여겼고, 사람들의 종교적 경험에 끊임없이 의문을 제기하고, 메모를 하고, 자신의 경험뿐만 아니라 다른 사람들의 경험을 바탕으로 결론을 도출했다.

"구원의 길"에 대한 웨슬리의 설교나 가르침은 분명 메도디스트 신학의 근본적 특징이다. 그러나 그것은 또한 메도디스트 영성의 독특한 특징도 잘 드러낸다. 따라서 이 장에서는 이 책의 다른 어떤 장보다 웨슬리의 설교와 가르침에 더 많은 관심을 기울일 것이다.

"구원의 길"에 대한 구상

"구원의 길"에 대한 웨슬리의 가르침은 일관된 패턴을 가지고 있다. 그리고 그 패턴은 메도디스트인들의 여러 찬송가에서 지속적으로 반영되어 왔다. 최초의 메도디스트 찬송가인 웨슬리 형제의 1780년도 초판 『찬송시선집』(Collection of Methodist

Hymns)은 (존 웨슬리가 명시적으로 언급하고 있는 것처럼) 메도디스트 신자들의 종교적 경험을 구분하여 잘 보여 주기 위해 만들어졌다.

그 후로 나온 찬송가들도 마찬가지다. 이들 찬송가에는 모두 "그리스도인의 삶"이란 제목이 붙은 긴 섹션이 있다. 그리고 이 긴 섹션의 구조는 회개에서 믿음으로, 그리고 칭의에서 성화로 이어지는 "구원의 길" 곧 서정을 따른다.

그렇다면 대체 "구원의 길"이란 정확히 무엇일까?

웨슬리의 영적 유산이 반영된 이 독특한 가르침에서 우리가 배울 수 있는 것은 무엇이 있을까?

존 웨슬리는 때때로 "예방 은총"(preventing grace), "칭의 은총"(justifying grace), "성화 은총"(sanctifying grace)이라고 하는 세 가지 유형(형태)의 은혜 관념을 가지고 "구원의 길"에 대한 자신의 이해를 정리하곤 했다.

첫째, "예방 은총"이란 우리가 그리스도를 믿기 전에 임하는 하나님의 은혜를 말한다.
둘째, "칭의 은총"이란 우리가 그리스도를 믿을 수 있게 하는 하나님의 은혜를 말한다.
셋째, "성화 은총"이란 우리를 거룩함으로 이끄시는 하나님의 은혜를 말한다.✝

1989년 연합감리교회(UMC)의 『찬송가』(*Hymnal*)는 웨슬리와 유사한 형태의 세 가지 은혜 관념을 소개하고 있다. 하지만 거기에는 한 가지 용어상의 차이가 존재한다. 앞서 웨슬리가 "예방 은총"이란 용어를 통해 설명한 하나님의 은혜(우리가 그리스도를 믿기 전에 임하는 하나님의 은혜)에 대해 이 찬송가는 "선행"(prevenient) 은총이란 용어를 붙인다. 따라서 "구원의 길"을 설명하는 구조가 "선행", 칭의, 성화 은총 순으로 이어진다.

이 외에도 다른 메도디스트 교단의 찬송가를 보면 그리스도인의 삶의 과정을 설명하는 더 정교하고 구조화된 체계가 있음을 알 수 있다. 웨슬리 자신도 "구원의 길"과 은혜에 대해 몇 가지 다른 진술을 했다.

그러나 앞으로 필자가 언급할 은혜의 세 가지 형태는 1989년 연합감리교회(UMC)의 『찬송가』에서 소개된 "선행" 은총, 칭의 은총, 성화 은총라는 것을 미리 밝힌다.

선행 은총
〈종교강령〉 8

존 웨슬리의 설교는 물론이고, 〈종교강령〉 제8조는 하나님의 "예방" 은총에 대해 언급하고 있다. 웨슬리 시대만 하더라도 이 "예방"이란 용어는 '앞서 오는 것'(coming before), 라틴어로 하면 *preveniens*를 의미했다.

그러나 그 용어의 뜻이, 예를 들어, 질병이나 재해 따위가 일어나기 전에 미리 대처하여 막는다는 의미로 바뀌면서, 오늘날 메도디스트인들은 더 이상 "예방"이란 용어를 사용하지 않고, 그 대신 1989년 연합감리교회(UMC)의 『찬송가』에서와 마찬가지로 "선행"이란 용어를 사용한다.

오늘날 메도디스트인들이 "예방"을 대신해 "선행"이라는 용어를 사용한다고 해서 그 의미가 크게 바뀌는 것은 아니다. 기본적으로 둘은 같은 의미를 갖고 있다. 오히려 일부 신학자들은 그 의미를 좀 더 알기 쉽고 이해하기 편한 형태의 언어로 표기할 필요가 있다고 제언하기까지 한다.

그 예가 바로 "예비"(preparatory) 또는 "조력"(assisting) 은총인데, 특히 "조력" 은총은 아프리카감리교감독교회(AME)의 『장정』(Disciplines)에서 예방, 선행, 또는 예비 은총을 대신해 사용되고 있다.

메도디스트인들은 선행 은총이 모든 인간에게 주어진 하나님의 (보편적) 은혜라고 일관되게 주장해 왔다(제3장 참조). 이 일관된 주장은 은혜의 보편적 가용성에 대한 아르미니우스의 신앙과 일치하며, 바로 그런 이유 때문에 우리 메도디스트인들은 어떤 인간(그리스도인이든 아니든)이 선을 행할 때마다 하나님의 은혜가 임재하고 있음을 인해 기뻐한다.

선행 은총은 메도디스트인들이 그리스도를 믿기 전에 하나님이 인간과 함께 일하시는 모든 방법을 설명하는 적절한 신학 개념이다(다시 말하지만, 이때의 "선행"이란 그리스도를 믿기 전에 임하는 은혜를 뜻한다). 선행 은총은 우리로 하여금 회개하게 하고, 죄에 대해 슬퍼하게 하고, 우리가 우리 자신을 스스로 구원할 수 없다는 것을 깨닫게 한다.

회개와 "각성"

수세기 동안 많은 메도디스트인에게 선행 은총은 그들이 "확신"(conviction) 또는 각성(awakening)이라고 부르고 있는 생생한 종교적 경험으로, 즉 하나님 앞에서 자신의 위험한 상태를 깨닫는 크고 두려운 경험(experience)으로 다가왔다. 그래서 일부 메도디스트인들에게 확신이나 각성의 체험은 격렬한 감정적 징후와 함께 찾아왔다. 공포에 질려 비명을 지르거나, "애통"(mourning)하거나 "탄식"(moaning)하거나 심지어 의식을 잃기도 했다.

게다가 메도디스트 장막 집회의 오랜 전통을 보면 이처럼 애통하거나 탄식하는 자들을 위한 상징(예전)적 자리도 있었는데, 그것이 바로 제단 앞에 놓인 "애통하는 자의 벤치"(mourner's bench)였다.

선행 은총의 경험인 확신이나 각성은 비단 애통이나 탄식과 같은 종교적 체험으로만 이해되지 않았다. 또 다른 메도디스트인들에게 선행 은총은 하나님이 필요하다는 것을 점점 더 크게 느끼게 되는 감정(sense)으로 이해되었다.

하지만 그들에게 정작 중요한 것은 이런 저런 체험의 징후가 아니라 그 체험이 하나님의 역사하심과 인간 안에 임재하심을 나타내는 표징임을 깨닫는 믿음이었다. 메도디스트인들에게 한 사람의 개종이나 회심은 성급한 체험이나 급히 경험해야 할 사건이 아니다. 그것은 어디까지나 하나님의 역사이자 그분의 임재로 말미암은 결과일 뿐이다.

칭의 은총
〈종교강령〉 9
UMC〈신앙고백〉 9
AME〈교리문답〉
qq.1-7, 70-72

선행 은총은 그리스도를 믿음으로 말미암아 우리의 죄가 용서되는 하나님의 은혜인 **칭의 은총**으로 이어진다. 종교개혁자들과 함께 웨슬리와 메도디스트인들은 우리의 칭의가 믿음으로 말미암는 것이라고 주장했다(엡 2:8-10). 다시 말해, 죄의 용서는 우리의 선함이나 공로나 선행에 의존하지 않고 믿음으로 말미암는다.

그러나 웨슬리와 메도디스트인들은 이 믿음이 단순히 교리를 아는 문제가 아니라고 주장했다. 〈믿음으로 말미암는 구원〉(Salvation by Faith)이란 설교에서도 웨슬리는 마귀들도 예수가 그리스도이심을 안다고 지적한다. 그러므로 우리가 죄 용서함을 받고 의롭게 되는 믿음에는 그리스도에 대한 지식만 있는 것이 아니고 그리스도에 대한 진심 어린 신뢰도 있다는 점을 기억해야 한다.

용서의 확신

초기 메도디스트인들의 일반적 경험은 그리스도에 대한 믿음뿐 아니라 자신의 죄가 그리스도에 의해 용서받았다는 초자연적인 감각과도 관련이 있었다. 웨슬리와 메도디스트인들은 그들의 종교적 경험의 이러한 측면을 "용서의 확신"(assurance of pardon)이라고 불렀다. 그들에게 용서의 확신은 종종 "각성"(awakening)과 회개(repentance)의 소란 뒤에 오는 신적 평안의 느낌을 동반했다.

웨슬리 자신도 1738년 5월 24일 올더스게이트 거리에서 이처럼 신적 평안을 느꼈고, 이것이 곧 하나님으로부터 온 것임을 확신하는 "담대함"(confidence)을 보였다.

이 생생한 종교적 경험이 있은 직후, 웨슬리는 용서를 확신하지 않는 한 아무도 진정으로 의롭게 하는 믿음(justifying faith)을 가질 수 없다고 주장했다.

그러나 시간이 지남에 따라, 더 정확하게는 일반 성도들의 종교적 경험(은혜 체험)을 지속적으로 조사한 후 웨슬리의 주장은 크게 바뀌었다. 이제 그는 확신(assurance)의 경험이 항상 칭의(justification)를 동반하는 것은 아니라고 주장했다. 물론, 확신이 웨슬리의 신학에서 완전히 배제된 것은 아니었다. 웨슬리는 여전히 확신을 강조했고, 또한 그것을 신자의 "공통 특권"(common privilege)이라고 주장했다.

그리고 이 같은 주장은 찰스 웨슬리에게로 이어져 그의 가장 대담한 찬송(용서를 확신한 영혼의 휴거) 중 일부 가사에 다음과 같이 수용적으로 묘사되고 있다.

> 오 그 선함 어찌 다 말로 표현할 수 있겠나이까?
> 아버지여, 당신께서 제게 보여 주셨던 그 선함을?
> 진노와 지옥의 자녀였던 저,
> 하나님의 자녀라 불릴 수 밖에 없도록 해 주신 그 선함을!
> 알아야겠나이다, 느껴야 되겠나이다 저의 죄가 용서받았음을,

AME⟨교리문답⟩ qq.8, 31-39; 존 웨슬리의 1738. 5. 24 일기

1989년 UMC 『찬송가』, no. 342 (역자 주: 존 웨슬리 편집 / 나형석 옮김, 『웨슬리 찬송시선집』 [서울: KMC, 2010] 에 실린 no. 29의 번역문 참조)

1989년
UMC 『찬송가』
nos. 386
(역자 주: 존 웨슬리
편집/ 나형석 옮김,
『웨슬리 찬송시선집』
[서울: KMC, 2010]
에 실린 no. 136의 번
역문 참조)

복받아 하늘을 미리 맛봄(antepast)으로써!
이분이 사랑이도다!
이분이 바로 사랑이도다!
당신 저를 위해 죽으셨도다.
제 마음속 당신의 속삭임 지금 듣고 있나이다.
빛이 동터오고, 어둠이 급히 도망치고 있도다.
순결하신 보편적 사랑 당신이나이다.

우리는 각성이나 회개의 때에 우리가 경험하게 되는 최초의 맥락에 비추어 확신의 경험을 이해할 수 있어야 한다. 자신의 죄에 대한 자각으로 인해 감정적 동요에 빠질 수 있는 문화에서 자란 사람들에게 확신은 죄와 심판의 두려움으로부터 해방되었다는 안도감으로 받아들여질 수 있다.

그러나 이와 다른 문화에서 자란 사람들에게 칭의의 경험은 다른 형태를 띨 수 있다. 예를 들어, 현대 생활의 전형인 방향 상실과 관련된 삶을 사는 사람들에게 '확신'은 일종의 '방향' 감각으로 인식될 수 있다.

칭의와 확신은 어떻게 일어나는가?
이것을 우리는 어떻게 해석해야 하는가?

앞의 두 가지 예시를 통해 우리가 배울 수 있는 점은 칭의나 확신의 경험에 대한 우리 각자의 특정한 인식이 객관적인 것이 아니라 문화적으로 조건화된다는 것이다.

따라서 모든 그리스도인이 1800년대 초 북미 부흥회에서 전개된 두 가지 복음전도 모델, 즉 "죄인의 기도"(sinner's prayer)와 "제단 부름"(alter call)을 반드시 사용해야 하는 것은 아니다. 즉, 이 두 모델은 보편적 규범이 아니다. 왜냐하면, 그리스도인의 칭의와 확신의 체험은 위에서 언급한 바와 같이 다양한 방식이나 문화적 조건에서 성취될 수 있기 때문이다.

그리스도인 신자는 칭의 안에서 죄에 대하여 죽을 뿐 아니라 그리스도 안에서 새 생명으로 "거듭나"(born again)기도 한다. 신생(*new birth*) 또는 중생(*regeneration*)은 그리스도인의 거룩함 또는 성화에 대한 여정의 시작을 알리는 표지다.

| 성화의 길
| "신생" 또는 "중생"
| UMC〈신앙고백〉 9

다음 장에서도 보게 되겠지만, 웨슬리 자신은 적어도 유아의 경우에는 세례 때 신생이 칭의와 함께 일어난다고 믿었다. 그러나 성숙한 믿음이 가능한 사람(성인)에게는 그리스도를 믿게 되는 순간 칭의가 일어난다고 보았다. 또한, 웨슬리는 대부분의 사람, 심지어 유아세례를 받은 사람들도 그들이 한때 알고 있었던 은혜를 "죄로 저버렸기 때문에"(sinned away) 신생의 갱신(renewal of the new birth)이 필요하다고 믿었다.

신생은 그리스도 안에 있는 새 생명, 즉 거룩함 안에서 성장하는 생명의 도약이다. 역사적으로 메도디스트인들은 거룩함의 성장을 설명하고 가르치기 위해 **성화**(sanctus, "거룩한"에서 유래)라는 용어를 즐겨 사용했다. 그러나 이때의 성화는 기쁨 없이 선행을 추구하는 것을 의미하지 않는다. 또한, 그것은 우리가 정말로 하고 싶지만 하지 말아야 함을 알기에 마지못해 자제하는 것을 의미하지도 않는다.

| UMC〈신앙고백〉 11
| AME〈교리문답〉
| qq.9–14, 31–32

웨슬리의 가르침에 있어서 성화는 우리의 의지(will)와 애정(affection)의 변화를 뜻한다. 그리스도인으로서 우리는 하나님이 사랑하시는 것을 사랑하고 갈망하므로 성화를 추구하는 것은 궁극적인 기쁨을 추구하는 것이며, 변화된 우리의 의지가 진정으로 원하는 것은 옳은 일을 하고 악한 일을 피하는 것이다.

| 변화된 의지와
| 애정

하지만 우리는, 찰스 웨슬리가 잘 표현하고 있는 것과 같이, "주의 깊고 경건한 두려움, 죄에 대한 민감성, 죄를 가까이서 느낄 수 있는 고통의 원리가 부족(want)하다." 그래서 메도디스트 신앙공동체는 종종 신자들에게 그리스도에 대한 그들의 헌신을 **새롭게**(renew)하든지, 아니면 그리스도께 그들 자신을 재**헌신**(rededicate)하든지 선택하라고 권면한다.

> 1989년
> UMC 『찬송가』
> nos. 337-536

도덕법

메도디스트인들이 거룩한 삶(성화)을 추구하는 데 중요한 측면 중 하나는 하나님의 도덕법(moral law)에 주의를 기울이는 것이다. 웨슬리와 메도디스트인들의 교리적 표준에 따르면, 히브리어 성경의 "의식법"(ceremonial law)은 더 이상 그리스도인들에게 적용되지 않는다. 하지만 웨슬리와 메도디스트인들은 십계명을 도덕법의 일부로 받아들이며, 하나님의 도덕법(롬 2:14 참조)이 그리스도인들을 위한 삶의 지침으로 여전히 남아 있다고 주장한다.

> 〈종교강령〉 6
> AME〈교리문답〉
> qq.19-20

이 주장과 관련하여 메도디스트 전통이 여전히 주일 준수를 중요한 지침으로 삼고 있는 이유를 생각해 볼 필요가 있다. 메도디스트인들에게 주일 준수는 매우 중요하다. 그런데 그것이 그렇게 중요한 지침이 될 수 있었던 것은 제4계명을 도덕법의 일부로 그들이 적용했기 때문이다. 즉, 메도디스트인들에게 주일을 안식일로 지키는 행위는 안식일을 거룩하게 지키라고 하는 십계명을 삶 속에 성취하는 것을 의미한다(제7장 참조).

영적 문제 식별

일반 성도들의 영적 삶을 관찰한 웨슬리는 성화의 삶을 추구하는 그리스도인의 삶이 때때로 영적 질병이나 문제에 봉착할 수 있음을 파악하고, 이를 유혹, 두려움, 거짓 안심, 영적 성취에 대한 자랑, 신앙의 침체 등으로 분류했다.

〈방황하는 생각〉(Wandering Thoughts), 〈여러 가지 시험을 통한 괴로움〉(Heaviness through Manifold Temptations), 〈광야의 상태〉(The Wilderness State)를 포함한 여러 편의 설교에서 웨슬리는 이 같은 그리스도인의 영적 문제를 다뤘으며, 특히 세 번째이자 마지막 설교인 〈광야의 상태〉에서 그리스도에 대한 믿음의 상실, 곧 웨슬리가 그리스도인의 영적 문제 중 가장 궁극적인 것이라고 간주한 칭의의 상실을 고찰했다.

| 존 웨슬리의 설교 〈방황하는 생각〉, 〈여러 가지 시험을 통한 괴로움〉, 〈광야의 상태〉

웨슬리가 고찰한 칭의의 상실 문제는 메도디스트인들의 믿음과 칭의 이해에 상당한 영향을 미쳤다. 웨슬리처럼 그들도 믿음을 잃을 가능성과 칭의의 상실에 대해 설교했고, 이러한 가능성이 그리스도인의 삶에 실제로 일어날 때 그것은 마치 **은혜에서 떨어지는 것**(히 6:4-6)과 같다고 주장했다.

그런가 하면 그들은 또한 일부 개혁 교회에서 가르치는 "영원한 보증"(eternal security) 교리, 즉 일단 그리스도를 믿으면 구원이 영원히 보장된다는 개념을 거부했다.

웨슬리의 가르침에서 성화의 여정은 결코 홀로 걷는 외로운 길이 아니다. 이 여정은 구도자와 신자를 돕기 위한 수단으로서 메도디스트의 속회 모임, 신도회, 반회 및 기타 소그룹과 함께 진행된다. 또한, 그것은 하나님이 은혜롭게 제공하시고 구도자와 신자 모두가 그분의 은혜로 계속하여 나아갈 수 있도록 돕는 수단인 성경 공부, 기도, 성찬(다음 장 참조)과 같은 "은혜의 수단"(means of grace)을 통해 수행된다.

성화와 기독교 공동체

성화와 "은혜의 수단"

웨슬리의 성화 개념은 개인의 성결 문제에 국한되지도 않는다. 성화는 그리스도인들이 주변 세상의 성화를 추구하는 과정을 포함한다. 웨슬리는 메도디스트인들이 사회적 상황을 개선하기 위한 광범위한 운동에 동참하도록 격려했다.

사회적 성화

예를 들어, 웨슬리의 마지막 편지 중 하나에서 그는 영국 영토에서 인간 노예 제도를 종식시키려는 윌리엄 윌버포스(William Wilberforce)의 노력을 열렬히 격려했다. 또한, 웨슬리 시대 이후 메도디스트인들은 노동자, 여성, 아동을 위한 환경 개선, 도박 금지, 음주 통제, 인종차별 퇴치, "창조물 수호"(In Defense of Creation) 등 사회 활동에 적극적으로 참여했다.

따라서 메도디스트인들에게 "구원의 길"이란 내적인 것일 뿐 아니라 외적인 것으로도 이어진다. 다시 말해, 그것은 전 세계의 변화를 추구하는 포괄적인 도덕적 비전(제7장 참조)으로 이어진다. 그러나 메도디스트인들은 이 같은 변화, 즉 더 넓은 세상의 변화를 그들 자신의 노력이나 선함이 아니라 (여느 때와 같이) 하나님의 은혜로 추구한다.

**성화의 목표:
완전 성화 또는
그리스도인의 완전**

UMC〈신앙고백〉 11
AME〈교리문답〉
qq.80-95

메도디스트인들의 신앙은 성화의 목표를 완전 성화 또는 그리스도인의 완전으로 묘사한다. 완전의 개념은 다분히 성경적이다. 예수님도 다음과 같이 가르치셨다.

> 하늘에 계신 너희 아버지의 온전하심과 같이 너희도 온전하라(마 5:48).

그렇다면 인간은 어떤 완전을 열망할 수 있을까?

메도디스트인들은 항상 "네 마음을 다하고 목숨을 다하고 뜻을 다하여 주 너의 하나님을 사랑하라"(마 22:37; 막 12:30; 눅 10:27)라는 위대한 계명을 반복함으로써 이에 답변했다. 그리고 이것과 함께 그리스도인의 완전이 두 번째 계명인 이웃 사랑의 성취를 의미한다고 주장했다. 따라서 그리스도인의 완전이나 완전 성화는 주로 하나님과 이웃에 대한 사랑의 완전을 뜻한다.

웨슬리와 메도디스트인들은 우리 인간이 결코 완전할 수 없는 영역에 대해서도 분명히 했다. 그들의 가르침에 따르면, 이 생에서 우리는 결코 연약함, 유혹, 실수 또는 무지에서 자유로울 수 없다.

그렇다면 이생에서 우리가 그리스도인의 완전을 기대해선 안 되는가?

그들은 결코 그렇지 않다고 힘주어 말한다. 오히려 이생에서의 완전을 우리가 기대해야 한다고 권면했고, 그 방법을 다음의 두 가지로 설명했다.

첫째, 하나님을 온전히 사랑하라는 것이 하나님의 뜻이다.
둘째, 하나님이 의도하신 일을 이루는 것은 하나님의 능력 안에 있다.

그리스도인의 완전 교리를 부정하는 것은 기독교의 핵심 주장 중 하나를 부인하는 것과 같다. 비록 웨슬리는 완전히 성화되었다고 주장하는 많은 이의 이야기를 의심했지만, 그는 자신의 시대에 하나님의 은혜로 완전히 거룩하게 된 성도들이 있음을 확신했다.

따라서 메도디스트인들은 웨슬리가 "사랑 안에서 온전해지기를 이 생에서 기대합니까"라고 물었던 것처럼 그들 자신과 안수 후보자들에게 그리스도인의 완전을 기대하고 있는지 계속해서 묻고 또 확신하며 살아가도록 권면해야 한다.

인간의 영혼에 은혜가 처음 발생한 때부터 완전 성화 안에서 하나님의 역사가 완성되기까지 웨슬리의 "구원의 길"에 대한 이해에는 그리스도인의 삶에 대한 포괄적인 비전이 담겨 있

존 웨슬리의 설교 〈그리스도인의 완전〉(Christian Perfection), I:1-9

존 웨슬리의 설교 〈성경적 구원의 길〉(The Scripture Way of Salvation), III:14-15

독특한 메도디스트적 삶의 방식으로서의 "구원의 길"

다. 우리 믿음의 조상들이 노래하고, 설교하고, 가르치고, 살았던 모든 것이 이 구원의 길의 비전이었다.

그런데 이 비전, 곧 "구원의 길"에 대한 웨슬리의 포괄적 비전이 담고 있는 참된 아름다움은 **균형과 깊이**에 있다.

균형의 측면에서 웨슬리는 칭의와 성화, 하나님의 은혜와 인간의 책임, 믿음과 선행, 개인과 사회적 성결의 균형을 이 "구원의 길"이란 비전 안에 맞추려고 시도했다.

깊이의 측면에서 웨슬리는 단순한 패턴을 따르지 않고 인간의 경험의 깊이를 설교 안에 녹여 내려고 했다. 더욱이 그는 그의 동생 찰스 웨슬리와 함께 찬송가에서 그 비전의 시적인 아름다움을 포착하기까지 했다.

이 깊이, 이 균형은 구원의 하나님 앞에서 신실한 삶을 살아내기 위해 고군분투한 메도디스트인들의 산 역사이며, 이는 우리 각 사람의 경험 속에서 오늘도 날마다 증폭되고 있다.

"구원의 길"은 메도디스트인들의 영적 보물이다. 하나님의 은혜로 포괄적 변화를 추구하는 그리스도인의 삶에 대한 분명한 비전이다. 하지만 오늘날 우리 메도디스트인들은 18세기에 나타난 "구원의 길"의 패턴에 단순히 만족해선 안 된다. 우리는 오늘날 우리가 찾고 영감을 얻어야 하는 패턴에 대해(오늘날 메도디스트 신자들이 하나님의 은혜를 경험하는 방식에 대해) 물을 수 있어야 하고 또 반드시 물어야만 한다.

추가 참조

웨슬리의 구원 방식에 대한 일부 고전적 및 현대적 연구는 다음을 참조하라: Williams, *John Wesley's Theology Today*, especially chapters 3, 5, 7, 8, and 10; Outler, *Theology in the Wesleyan Spirit*; Maddox, *Responsible Grace*; and Collins, *Scripture Way of Salvation*.

웨슬리안 공동체의 공식적 교리와 대중적 종교 문화에서 "구원의 길"이 어떻게 설명되고 조명되며 논의되는지를 연구한 텍스트로는 Campbell, *Wesleyan Beliefs*, 63-85, 106-15, 147-66, 221-29, 231-33을 참조하라.

웨슬리의 "구원의 길"에 대한 성결 교회와 오순절 교회 사이의 몇 가지 구체적인 이해 차이는 Campbell, *Christian Confessions*, 235-39; Jones, *United Methodist Doctrine*, 195-216을 참조하라.

*The Wesleyan Studies Project: Methodist Doctrine video series*의 여섯 번째와 일곱 번째 강좌를 맡은 월터 클라이버(Walter Klaiber) 주교와 손드라 엘리 휠러(Sondra Ely Wheeler) 박사의 수업을 통해 웨슬리안 전통의 맥락에서 칭의와 성화에 대한 가르침이 어떻게 논의되고 있는지 살펴보라.

"구원의 길"에 대한 존 웨슬리의 이해는 그의 설교 "성경적 구원의 길"(The Scripture Way of Salvation), I:1-9(Campbell, *Wesley Reader*, 175-79)에 표현되어 있으며, 그리스도인의 완전 또는 완전 성화에 대한 찰스 웨슬리의 이해는 그의 찬송시 〈예수님, 당신의 구원을 우리에게 보여 주소서〉(To-Jesus: Shew Us Thy Salvation)에 서술되어 있다(Campbell, *Wesley Reader*, 132-33).

제5장

교회, 사역, 성례전

교회, 사역, 성례전에
관한 가르침

메도디스트 운동은 원래 교회가 되려는 목적으로 시작된 것이 아니다. 그러나 메도디스트인들은 결국 잉글랜드국교회와 이별하게 되었고 하나의 독립된 교회 또는 교단으로서의 정체성을 자각하지 않을 수 없는 상황에 직면하게 되었다.

더욱이 그들은 교회, 사역, 성례전에 대한 그들 자신만의 이해를 보다 명확히 해야 할 필요도 있었는데, 비록 그들의 기본적인 입장은 기독교의 보다 더 큰 전통, 특히 잉글랜드국교회의 가르침과 큰 틀에서 유사했지만 거기에는 분명 그들만의 독특한 견해나 의견이 있었던 것도 사실이다.

교회

〈종교강령〉 13
UMC〈신앙고백〉 5

〈종교강령〉(Twenty-Five Articles of Religion) 제13조는 "교회"가 다음의 세 가지 필수 요소를 포함한다고 정의한다.

첫째, 믿음("신실한 사람들의 모임")
둘째, 설교("순수한 하나님의 말씀이 전파되는 자리")
셋째, 성례전("적법하게 집행되는 성례전")

교회에 대한 메도디스트 전통의 이러한 이해는 개신교 종교개혁 전통 안에서 흔히 볼 수 있는 것이다. 실제로 그것은 잉글랜드국교회의 39개 조항(Thirty-nine Articles of Religion)뿐 아니라 그보다 조금 더 일찍 선언된 루터교의 아우구스부르크 신앙고백(Augsburg Confession)과도 매우 흡사한 이해라고 할 수 있다.

그러나 이 세 가지 필수 요소 외에 메도디스트 전통의 교회 이해에는 한 가지 요소가 더 있다. 이는 교회에 대한 메도디스트 전통의 독특한 이해를 특징짓는 네 번째 요소로, 특정 형태의 규율이나 책임이 그리스도인의 교제(교회)를 구성한다는 것이다.

어떤 의미에서 이 네 번째 요소는 믿음, 설교, 성례전과 함께 교회 규율도 강조한 개혁주의 전통(장로교회와 회중교회)과 공통점이 있는 것처럼 보인다. 그러나 개혁주의 전통이 이 규율과 책임을 지역 회중 수준, 즉 주의 만찬에 접근할 수 있는 목사와 장로에 제한하고 있는 반면, 메도디스트 전통은 그것을 소그룹 수준의 신자 모임(예: 신도회)으로 확장한다는 점에서 차이가 있다.

초기 메도디스트 신도회의 활동을 보면 평신도 지도자들이 속회를 운영하는 규율과 책임을 짊어졌음을 어렵지 않게 알 수 있다. 일례로 속회의 지도자들은 애찬에 동참할 수 있는 티켓을 규율적으로 발부했다(아래 참조).

이 자발적인 소그룹 모임에서 규율을 내세웠다는 것, 그리고 그에 대한 책임을 서로 나누어 지기로 했다는 것, 이것은 분명 메도디스트 전통의 교회론을 특징짓는 하나의 독특한 요소이며 책임 있는 제자도에 관한 메도디스트 『장정』(*Disciplines*)의 본래적 주안점이다(제7장 참조). 그러나 그것은 또한 잉글랜드 국교회 안에 있으면서도 참된 그리스도인의 교제(교회)가 무엇인지 끊임없이 찾아 헤맨 메도디스트 운동의 독특한 요소이기도 하다.

규율과 책임에 대한 필요

〈총칙〉의 서문

교회에 관한 주석

니케아 신경
UMC〈신앙고백〉 5

하나이고(일치)
거룩하며(성결)
보편되고(보편성)
사도로부터 이어
오는(사도성)

교회의 사역

안수 받은 사역자

연합감리교회(UMC)의 〈신앙고백〉은 니케아 신경을 따라 교회를 "하나이고, 거룩하며, 보편되고, 사도로부터 이어 오는 교회"로 묘사한다. 이 네 가지 형용사는 역사적으로 교회의 "주석"(註釋)이라고 불리며 '이상적 교회'와 '교회가 세상에서 인정받아야 할 기준', 그리고 '기독교 공동체가 하나님의 뜻 안에서 지향해야 할 목표'를 설명한다.

교회는 그리스도 안에서 하나가 될 것이며 이곳에서 우리 모두는 교회의 일치를 위해 일하고 기도한다. 교회는 세상과 구별되어 있는 한 거룩하지만, 그 거룩함은 현재 불완전하다. 교회는 모든 사람을 위해 보편적이고 기독교 가르침의 충만함을 포용하도록 의도되었기 때문에 보편적이지만, 그 보편성은 진정으로 포용적인 공동체가 될 때까지 온전히 실현되지 않을 것이다. 교회는 사도적 증언과 연속성을 유지하는 한 사도적이지만, 교회는 항상 사도적 증언으로 되돌아가기 위해 개혁을 필요로 한다.

교회의 교제 안에는 "여러 가지 은사"(고전12:4)와 많은 기능과 직분이 있다. 연합감리교회(UMC)의 『장정』은 세례 받은 모든 그리스도인이 교회에서 섬기고 사역할 은사를 가지고 있다는 점에서 "사역자"라고 명시하고 있다. 그러나 그들 가운데 일부는 특정 사역을 위해 **안수**를 받기도 한다.

초기 그리스도인들은 일반적으로 세 가지 직분 곧 집사(또는 부제), 사제(또는 "장로"[presbyter or elder]), 감독(또는 주교)을 인정했다. 메도디스트인들은 잉글랜드국교회로부터 이 세 가지 유형의 직분을 물려받았다. 그러나 거기에는 두 가지 미묘한 차이가 있었다.

첫째, 메도디스트인들은 두 번째 직분을 "사제"라고 부르지 않고 "장로"라고 불렀다.
둘째, 세 번째 직분인 감독을 더 높은 수준의 장로라고 간주했다.⁺

하지만 **감독직**(감독의 직분) 자체의 존재를 받아들이기로 한 메도디스트인들의 결정은 그들과 다른 교회 전통 사이의 에큐메니컬 관계 확립에 긍정적인 영향을 가져왔다.

실제로 비교적 최근에 열린 에큐메니컬 토론에서, 예를 들어, 세계교회협의회(WCC)의 신앙과 직제 연구인 『리마 문서』(BEM)나 『교회일치를 위한 협의회의 합의』(*COCU Consensus*)에서 아프리카감리교감독교회(AME), 아프리카감리교성공회 시온교회(AME Zion), 그리스도교감리교회(CME), 연합감리교회(UMC)는 초기 그리스도인들의 세 가지 직분을 기꺼이 (교회의 일치를 위해) 수용하겠다는 의지를 표명했다.

메도디스트 전통의 긴 역사에서 장로 안수를 준비하는 사람들은 부제 즉 집사들이었다. 그래서 집사직은 단순히 장로가 되기 위한 수습적이고 과도기적인 직분으로 여겨졌다. 집사직에 대한 이 같은 이해는 오늘날 아프리카감리교감독교회(AME), 아프리카감리교성공회 시온교회(AME Zion), 그리스도교감리교회(CME)에서 그대로 이어지고 있다.

집사
"수습" 집사

하지만 연합감리교회(UMC)는 최근 몇 년 동안 집사(부제)직을 개편하고, 교회 안팎에서 정의, 자비 및 봉사의 사역에 헌신하는 사람들을 위해 종신집사직(과도기적인 것이 아닌)을 허용하고 있다. 그리고 더 나아가 가톨릭, 성공회 및 종신집사직을 원래의 형태로 복원하기 위해 최근 몇 년 동안 애쓰고 있는 여러

"종신" 집사

|장로| 개신교 교회와 함께 그들의 직분 교리 개혁에 앞장서고 있다.

일반적으로 메도디스트 전통의 장로(elder)들은 "안수 목사" 또는 "설교자"로 더 자주 언급된다(평신도 설교자에 관해서는 아래를 참조하라). 이는 그들이 성례전을 거행하고 설교하도록 안수를 받았기 때문이다. 연합감리교회(UMC)는 장로들이 "말씀, 성례전 및 직분"에 성임되었다고 명시하고 있는데, 여기서 "직분"이란 책임 있는 제자도, 목회자의 역할, 교회의 사역을 감독하고 관리하는 감독의 일반적 역할을 모두 의미한다.

|순회 사역| 이 밖에도 메도디스트 전통의 장로직이 갖는 역사적 특징은 그들의 순회 사역(itinerant ministry)에 있다. 원래 메도디스트 장로들은 대규모 순회 집회를 따라 이곳저곳을 돌아다니며 날마다 다른 장소에서 설교를 했다. 비록 시간이 지나면서 유명무실해지긴 했지만(예를 들어, 미국성공회 감리교회의 경우 매주 같은 목회자가 예상될 정도로 순회 사역의 규모가 축소되었다), 여전히 순회 사역은 메도디스트인들이 장로를 임명하는 독특한 기준이자 표식으로 작용하고 있다.

실제로 아프리카감리교감독교회(AME), 아프리카감리교성공회 시온교회(AME Zion), 그리스도교감리교회(CME), 연합감리교회(UMC)의 감독들은 지역 교회 및 "감리장로"(Presiding Elders) 또는 "지방감리사"(District Superintendent)와 협의하여 장로(elder)들에게 목회적 책임을 부여하고 있다.

메도디스트 전통의 순회 사역은, 역사적으로, 미국 국경의 확장 노선을 따라 진행되었다. 1800년대까지 그것은 특별한 목회적 유연성을 제공함으로써 지역 복음화에 상당한 이점을 제공했다. 현재는 아프리카감리교감독교회(AME), 아프리카감리교성공회 시온교회(AME Zion), 그리스도교감리교회(CME),

연합감리교회(UMC)에 의해 수용되어 장로직의 목회적 책임을 묻는 요건으로 기능하고 있다.

메도디스트 전통에서 각 직분은 감독(*bishop*)이 이끈다. 아프리카감리교감독교회(AME), 아프리카감리교성공회 시온교회(AME Zion), 그리스도교감리교회(CME), 메도디스트교회(ME), 남감리교회(MES)의 교단명에서 "감독의"(episcopal)를 상징하는 약어 E는 이러한 교회들을 관리하는 감독의 중요성을 나타낸다.

감독

메도디스트인들은 감독(bishop)을 별도의 직분이 아니라 교회를 감독하는 특별하고도 인격적인 사역을 위해 따로 구별된 장로(elder)라고 보았다. 구기독교 공동체(정교회, 가톨릭, 성공회)의 주교와 마찬가지로, 메도디스트 감독은 종신직으로 선출되며 안수를 거행할 때 교회를 대표한다.

메도디스트인들은 초대 교회의 사도로부터 오늘날의 감독에 이르기까지의 사도직 계승을 주장하지 않는다. '사도 계승'에 관한 아프리카감리교감독교회(AME)의 선언은 그들의 사역 및 직분의 유형이 말 그대로 사도들의 감독(또는 주교)직 계승이 아님을 분명히 한다. 그러므로 '사도 계승'의 외적 표징이 메도디스트인들에겐 존재하지 않는다. 하지만 이 같은 부재가 메도디스트 고유의 직분론을 '비판'(condemned)할 근거가 되진 못한다.

AME 사도 계승

사도 계승의 문제와 관련해 우리는 감리회개신교회(MP)가 감독직(episcopacy)에 대한 개념 자체를 거부했다는 것과 복음주의연합형제교회(EUB)가 "임기" 감독(종신 감독으로 성임되지 않고 특정 기간 동안에만 봉사하도록 선출됨)직을 두고 있다는 것에 주목할 필요가 있다. 이 두 교회는 비록 메도디스트 신앙공동체가 『교회일치를 위한 협의회의 합의』를 통해 사도 계승을 유지할 수 있는 보다 역사적인 형태의 표시로 감독직을 기꺼이 받아들이겠다는 의지를 표명했지만 그것이 곧 사도적 정통성을 메도디스트인들이 갈음하는 보편적 기준이 될 수 없다는 것을 보여주는 좋은 예이다.

메도디스트 사역의 다른 직분들

메도디스트인들은 초기 그리스도인들의 세 가지 직분 유형인 집사, 장로, 감독 외에도 다양한 유형의 직분을 사용해 왔다. 메도디스트 역사 초기에는 평신도들이 설교 사역을 감당했다. 웨슬리는 평신도들이 (성공회) 사제들의 "평범한" 사역을 강탈하지 않으면서도 여전히 "비범한" 사역자들임을 분명히 하고자 노력했다.

평신도 설교자

이러한 그의 노력의 결실로서 거의 모든 메도디스트 교단들은 현재 평신도 설교자(또는 "지역 설교자")가 성례전을 집행해야 하는지에 대해서는 의견이 일치하고 있지 않지만, 어떤 형태로든 평신도 설교 사역을 수용하는 데 적극 앞장서고 있다.

또한, 대부분의 메도디스트 교단(UMC 제외)들은 성례전을 거행할 수 있는 권한을 "지역장로"들에게 일임하고 그들을 안수하고 있다. 수천 개의 소그룹, 소규모 모임, 작은 메도디스트 교단 교회가 지금껏 살아서 역동할 수 있었던 이유는 메도디스트의 다양한 직분, 즉 평신도 설교자, 지역 설교자, 그리고 지역장로들의 빛나는 수고와 헌신 때문이다.

여성 집사

특히, 아프리카감리교감독교회(AME)의 경우, 특정 봉사-중심의 사역을 위한 **여성 집사**(deaconesses)로서 여성 신도들을 세우고, 훈련하고, 성별하는 등의 직분자 교육을 지난 19세기부터 지금까지 이어 오고 있다. 이 여성 집사들의 훌륭한 사역은 최근 수십 년 동안 메도디스트 신앙공동체의 종신집사(부제)직 갱신 및 개혁 운동을 위한 역사적 선례가 되었고, 더 나아가 이러한 직분 외의 다른 직분(예를 들어, 유사[Stewards], 속장[Class leaders], 교회 이사회 및 위원회 봉사자)에 대해서도 평신도를 고용할 수 있게 하는 실증적 계기를 만들었다.

그리고 연합감리교회(UMC)는 이러한 평신도 사역의 역사적 중요성을 받들어 모든 연합 연회에서 평신도와 성직자 대표의 동등성을 주장하는 구감리회개신교회(MP)의 전통을 이어받고 있다.

교회에 대한 메도디스트 전통의 가르침에서 중요한 부분은 하나님이 정하시고 일반적으로 사용하고 계신 통상적인 통로를 통해 은혜를 발견할 수 있다는 믿음이다.

웨슬리는 그가 "은혜의 수단"(means of grace)이라고 부른 것을 적극적으로 옹호했다. 그는 그것을 "하나님의 정하신 외적 표시, 말 혹은 행동으로" 정의하고 다음과 같이 이해했다.

> 하나님께서는 그것을 하나님의 사람들에게 선행(preventing) 은총이나 칭의(justifying) 은총 또는 성화(sanctifying) 은총을 전달하여 받게 하는 수단, 즉 통상적 통로로 사용하고 계신다.

런던 모라비안의 특정 그룹과 논쟁을 통해 작성된 "은혜의 수단"이란 그의 설교에서 웨슬리는 기도, "성경 연구", 주의 만찬에 은혜의 수단이란 이름을 붙였다. 그리고 〈총칙〉(General Rules)에서 우리 메도디스트인들은 다음과 같이 명시된 "하나님의 모든 예법"을 삼가 지키며 그리스도를 찾아야 한다고 확언했다. 공적 예배, 설교, 주님의 성찬, 개인 및 가족 기도, 성경 공부, 금식.

은혜의 수단

존 웨슬리의 설교 〈은혜의 수단〉(The Means of Grace), II:1

〈총칙〉 파트 III

웨슬리는 "은혜의 수단"이 비단 성경에 명시된 것에만 국한되어 있지 않다고 보았다. 그는 설교자의 신도회 방문과 같은 일부 활동(다른 말로 하면, 심방)들이 실제 삶에서는 은혜의 수단으로 체험될 수 있다는 것을 경험적으로 알고 있었다.

웨슬리의 후예인 우리 메도디스트인들도 경험적 지식을 바탕으로 은혜의 수단을 이해하고 있다. 일례로 우리는 웨슬리가 정의한 은혜의 수단 외에 장막 집회나 부흥회가 하나님이 사용하시고 정하신 일상적인 은혜의 통로, 즉 은혜의 수단임을 경험적으로 인식하고 있다.

따라서 그리스도교감리교회(CME)의 경우 『장정』에서 주의 만찬과 애찬에 대한 논의를 포함하는 별도의 장을 열어 "은혜의 수단"이라는 제목을 붙여 두고 은혜의 수단에 대한 그들의 경험적 진술을 제공한다.

성례전

웨슬리와 〈총칙〉은 항상 주의 만찬을 은혜의 수단으로 지정하고 있다. 하지만 세례에 대해선 그렇게 하지 않는다. 왜냐하면, 〈총칙〉에 명시된 은혜의 수단이나 "하나님의 모든 예법"이 정기적으로 또는 반복적으로 사용하고 있는 수단만을 명부에 포함시키고 있기 때문이다.

메도디스트 신앙공동체는 다른 개신교 교회들과 마찬가지로 주의 만찬과 세례를 **성례전**(sacraments)으로 인정하고 있다. 역사적으로 메도디스트인들에게 성례전은 〈종교강령〉 제16조에 명시된 바와 같다.

〈종교강령〉 16
UMC〈신앙고백〉 6

그리스도의 설립하신 성례는 그리스도인의 공인하는 표적과 증거가 될 뿐더러 더욱 은혜와 하나님께서 우리에게 향하시는 선한 의지의 확실한 표니 이로 인하여 하나님께서 우리 안에

묵묵히 역사하시어 우리의 신앙이 활동하게 하실 뿐만 아니라 더욱 굳게 하는 것이다.

정리하면, 메도디스트 전통의 성례전은 다음과 같다.

첫째, 우리가 주의 만찬과 세례를 계속해야 한다는 명령과 함께 그리스도에 의해 제정된 것이다.
둘째, 외적이고 '보이는' 표징(물, 또는 떡과 포도즙의 요소)을 가지고 있다.
셋째, 믿음으로 주의 만찬과 세례를 받은 사람들에게 어떤 식으로든 하나님의 은혜를 전달한다.

그러므로 메도디스트 신앙공동체의 성례전 안에 포함된 주의 만찬과 세례는 은혜의 수단이란 범주 안에 공히 포함되며, 이들을 집행할 권한은 (이미 앞서 확인한 바와 같이) 장로(elder)직, 즉 "안수 목사" 또는 "설교자"에 부여되고 있다.

거의 모든 기독교 공동체와 함께 메도디스트인들은 그리스도의 명령(마28:19)에 따라 사람들을 교회의 친교 안으로 인도하는 수단인 기독교 입문의 성례전(입문성사)을 행하고 있다. 그러나 세례와 구원의 관계에 대한 메도디스트인들의 이해는 아직 합의에 도달하지 못했다. 따라서 이 문제에 대해서는 다음과 같은 세 가지 관점을 고려할 필요가 있다.

| 세례

첫째, 일부 교회는 세례가 교회 구성원의 외적 표시일 뿐이므로 우리의 구원과 직접 관계가 없다고 주장한다. 이 주장은 세례를 행하는 교회와 많은 자유주의 개신교인이 선호하는 믿음이다.

| 선택 1:
교회 구성원의
외적 표시로서의
세례

선택 2: 칭의와 중생에 직접적으로 연결된 세례	둘째, 개혁 전통의 교회들은 세례가 우리의 칭의와 중생(신생)과 연관되거나 연결되어 있지만 "자동적으로"는 아니라고 주장한다. 그들의 주장에 다르면 물을 뿌린 순간과 사람이 의롭다 하심을 받고 거듭난 순간이 다를 수 있다.
선택 3: 칭의와 중생의 수단으로서의 세례	셋째, 동방정교회, 가톨릭교회, 루터교회뿐만 아니라 웨슬리 자신의 성공회교회를 포함한 오래된 기독교 전통은 세례 그 자체가 칭의와 중생의 수단이라고 주장한다. 즉, 세례를 받은 사람은 의롭다 함을 받고 거듭났다는 것이다.
존 웨슬리의 설교 〈신생〉(The New Birth), IV:1–2	유아세례의 경우, 웨슬리는 세 번째 관점을 수용했다. 하지만 성인세례의 경우엔 조금 달랐다. 성인의 경우에는 세례를 마냥 '의존'할 수 없다고 보았다. 그들이 믿음으로 세례를 받았다고 할지라도 언제든지 그 믿음을 부인할 수 있었기 때문이다.
〈종교강령〉 17	더욱이 〈종교강령〉의 세례 규정인 제17조는 잉글랜드국교회의 39개 조항에서 그 근거가 되었던 제27조의 다음 중요한 구절을 삭제하고 있다.
〈종교강령〉에서 삭제된 문구	이 징표를 도구로 하여 세례를 올바르게 받은 사람은 교회에 결합되며, 죄의 용서와 성령에 의하여 우리가 자녀로 받아들여진다는 약속이 가시적(可視的)으로 드러나며 보증을 받는다. 그리고 하느님께 바치는 기도를 통하여 신앙은 굳어지며 은총이 더해진다.
UMC〈신앙고백〉 6	이 구절은 "도구"로서의 세례의 의미를 매우 강력하게 진술하고 있다. 따라서 이 구절을 삭제한 〈종교강령〉의 고시(告示)

행위는 세례에 대한 메도디스트인들의 이해를 근본적으로 뒤집어 놓았다. 즉, 세례에 대한 그들의 관점은 이제 위에서 지적한 세 가지 중 두 번째 관점으로 쏠리게 된 것이다.

메도디스트인들의 교리 발전사 및 수용사를 보면, 이러한 변화를 실증하는 예가 참으로 많았음을 비교적 쉽게 알 수 있다. 가장 대표적인 것은 연합감리교회(UMC)의 〈신앙고백〉이다. 이 교리적 표준에 따르면, 그들에게 세례는 단지 "회개와 죄로부터의 내적 씻음을 상징"할 뿐이다.

이 밖에도 우리는 1996년에 채택된 세례에 관한 연합감리교회(UMC)의 문서 〈물과 성령으로〉(By Water and the Spirit)를 예로 들 수 있다. 이 문서는 개혁 교회의 입장과 매우 유사한 입장, 즉 세례에서 물에 닿는 순간이 사람이 거듭나는 순간과 정확히 동일시될 수 없다고 진술한다.

> UMC의 문서
> 〈물과 성령으로〉

메도디스트인들은 성인세례만을 인정하는 개신교 교회에 대응하여 유아세례를 적극적으로 시행하고 옹호해 왔다(이는 제 17조에서 명시적으로 확인됨). 유아세례는 신약성경에 기록된 가정세례(행 16:15; 16:33), 어린이들을 부르신 예수님의 환대(마 19:13-15; 막 10:13-16; 눅 18:15-17), 장성한 어른들뿐 아니라 어린이들도 교회의 친교를 필요로 한다는 경험적 사실에 근거하고 있다.

> 유아세례
> 〈종교강령〉 17
> UMC〈신앙고백〉 6

그러나 우리는 세례, 성찬, 사역에 관한 세계교회협의회(WCC)의 연구인 『리마 문서』를 인정하고 더 나아가 성인세례의 순서를 메도디스트 찬송가의 전면에 재배치한 여러 메도디스트 교단의 결정이 교회의 규범적 세례로 성인세례만을 인정하고 있는 최근의 에큐메니컬 동향과 일치하고 있다는 점에 주목할 필요가 있다. 이것은 분명 메도디스트인들의 지속적인 유아세례 시행 및 옹호 결정과 모순된 것처럼 보인다.

하지만 『리마 문서』에 대한 메도디스트인들의 고유한 입장은 유아세례를 근본적으로 부정하는 것이 아니고 일종의 실천적 가능성으로 열어 두는 것이다. 다시 말해, 메도디스트 전통의 유아세례는 성숙한 신자의 자녀들에게 여전히 개방되어 있는 특별하고도 예외적인 가능성이다.

세례의 종류:
살수례
관수례
침수례

메도디스트인들은 머리에 물을 뿌리는 살수례(撒水禮, sprinkling), 머리에 물을 부어 흘러내리도록 하는 관수례(灌水禮, pouring), 몸 전체가 물속으로 들어갔다 나오는 침수례(浸水禮, immersion)를 모두 허용한다.

오직 극소수의 메도디스트교회만이 대형 세례당(baptistery)을 가지고 있기 때문에 침수례는 사실상 실용적인 선택이 아니다. 하지만 에큐메니컬적 합의가 계속적으로 도출되면서 메도디스트인들은 교회의 가장 오래된 세례 방식인 침수례를 보다 더 진지하게 받아들이고 새로 지은 교회 건물에 침수 세례당을 설치하고 있다.

주의 만찬

기독교 공동체의 오랜 역사를 따라 메도디스트인들이 인정한 두 번째 성례전은 주의 만찬이다(우리는 때때로 이것을 "성찬"이라고 부르며, 보다 에큐메니컬적인 맥락에선 "성체성사"라고 부른다). 이 기념 행위에서 우리는 그리스도와 우리 서로 간의 교제(친교)를 기념하고 그리스도께서 우리에게 베푸신 은혜를 날마다 새롭게 인식한다.

위에서 세례를 세 가지 역사적 관점과 관련하여 고찰한 것처럼, 우리는 주의 만찬도 다음 네 가지 역사적 이해와 관련하여 고찰할 수 있다.

첫째, 어떤 교회는 주의 만찬이 단지 그리스도의 희생을 기념하거나 생각나게 하는 것이며 그리스도인 교제의 외적 표징일 뿐이라고 주장한다. 많은 복음주의 교회, 자유주의 개신교 및 소수의 개혁교회는 성찬에 대한 이러한 '츠빙글리적' 이해를 유지해 왔다. | 선택 1: 기념설

둘째, 보다 역사적이고 전통적인 개혁교회는 그리스도의 몸이 승천했지만 그분의 성체 곧 주의 만찬은 참된 믿음으로 받아들일 때 독특한 영적 능력을 전달한다고 주장한다. 이 영적 힘에 대한 라틴어 용어는 '능력' 또는 '효험'을 뜻하는 *virtus*이기 때문에, 이 관점은 때때로 "효험주의"(Virtualism)라고 불린다. | 선택 2: 효험주의

셋째, 루터교회는 주의 만찬을 거행할 때 떡과 포도즙의 요소와 함께 그리스도의 참된 인간의 몸이 임재한다고 주장한다. 이 관점은 종종 그리스도의 '육체적' 임재에 대한 믿음으로 묘사되어 공체설(共體說)이라고 불린다. | 선택 3: 육체적 임재

넷째, 가톨릭교회의 역사적 가르침은 그리스도의 인간 몸이 현존할 뿐만 아니라 떡과 포도즙의 본질이 변하고 떡과 포도즙의 겉모습만(실재는 아님) 지속된다는 사실을 주장한다. 이러한 관점은 역사적으로 '성변화'(聖變化, transubstantiation)에 대한 믿음으로 묘사되어 화체설(化體說)이라고 불린다. | 선택 4: 성변화

〈종교강령〉 제18조는 성변화(transubstantiation) 교리에 대한 중세의 정식화 즉 화체설을 명시적으로 배제하고 있다. 그리고 이 조항의 서문과 웨슬리 고유의 성찬 이해는 첫 번째 관점인 츠빙글리의 기념설(記念說)에 강력한 의문을 제기한다. 이는 찰스 웨슬리의 찬송시에서도 엿볼 수 있는데, 그는 주의 만찬이 그리스도의 상징적 임재 이상의 믿음을 고취시킨다고 보았다. | 〈종교강령〉 18

1989년 UMC『찬송가』 no. 616

> 오! 우리 하나님의 선하심을 맛보고 그분의 살을 먹고 그분의
> 피를 마시라.

1989년
UMC 『찬송가』
no. 627

때때로 찰스 웨슬리는 두 번째 관점인 "효험주의"(Virtualism)의 용어를 아주 명시적으로 사용하곤 한다.

> 이 놀라운 길을 누가 설명하며, 어떻게 이 [요소들]을 통해 능력(virtue)이 왔는가?
> 이 [요소]들은 능력(virtue)을 전달했지만 여전히 변치 않고 그대로 있도다.

앞서 언급한 제18조도 "효험주의"를 허용하는 것으로 읽힌다. 하지만 제18조는 세 번째 관점인 공체설 즉 그리스도의 육체적 임재에 대한 믿음도 허용하는 것으로 읽힌다.

한 가지 흥미로운 사실은 잉글랜드국교회의 형제 자매들이 종종 성례전에서 공체설, 다른 말로 하면 그리스도의 "실재적 임재"(Real Presence)를 가르칠 때 그 교리를 굳이 효험주의와 구분 짓거나 차이를 매기지 않았다는 것이다. 사실상 그럴 필요가 전혀 없다는 뜻인데, 이는 그들의 성례전 신앙인 그리스도의 "실재적 임재" 속에 효험주의가 허용될 수 있었기 때문이다.

"실재적 임재"

그러나 이 "실재적 임재"란 용어가 메도디스트 전통의 교리적 표준에 해당하는 어떠한 역사적 자료나 출처에도 언급되거나 명시되어 있지 않았기 때문에 우리 메도디스트인들은 이 거룩한 행위(성례전)에서 우리가 그리스도를 만날 것으로 기대한다고 여전히 단언할 수는 있지만 이 용어를 명시적으로 사용하거나 명확한 정의를 내린 적은 우리의 역사 속에 단 한 번도 없

었다는 사실을 기억해야 한다.

열린 성찬(open communion)은 메도디스트인들의 오랜 관습이다(역자 주: 열린 성찬이란 세례 교인 또는 그 교회의 정회원에게만 분배되는 울타리 성찬[fenced communion]과 달리 예배에 참석하는 모든 사람에게 성찬을 시행하는 방식이다). 메도디스트인들의 주의 만찬은 모든 그리스도인에게 열려 있다.

| 열린 성찬

그러나 이 오래된 관행의 교리적 정당성을 뒷받침해 줄만한 역사적 자료나 교리적 출처는 매우 희박하다. 실제로 초기 메도디스트 신앙공동체는 매우 엄격한 형태의 성찬식을 가졌었다. 애찬의 경우와 마찬가지로(아래 참조), 그들은 속회장에 의해 발부된 티켓, 즉 입장권이 있는 정회원에게만 주의 만찬을 열어 주었다.

하지만 웨슬리는 주의 만찬이 불신자들을 위한 "회심의 의식"(converting ordinance)⁺이 될 수 있다고 주장하곤 했다. 따라서 많은 현대 메도디스트인이 웨슬리의 주장에 호소함으로써 열린 성찬의 옛 관행을 변호하고 있다.

그러나 열린 성찬의 문제는 신학적으로나 교단적으로나 에큐메니컬적으로도 매우 민감한 사안이다. 여전히 많은 수의 메도디스트인이 다른 개신교 교회들의 엄격하거나 '닫힌'(close) 형태의 성찬에 대해 부정적으로 반응하고는 있지만, 그들은 역으로 많은 비판을 받고 있다. 즉, 메도디스트인들의 열린 성찬으로의 초대가 교리적으로 난잡하다는 원색적 비판을 다른 여러 개신교 교회로부터 듣고 있다.

존 웨슬리는 모든 그리스도인이 성찬을 규칙적으로 자주 받을 것을 권면했다. 그리고 1784년 모든 메도디스트 장로를 향해 매주 일요일 주의 만찬을 거행하라고 명하면서⁺ 만일 누군

| 자주 해야 할 성찬

가 성찬의 기회가 왔을 때 이를 거부한다면 그것은 곧 그리스도 예수를 거부하는 것과 같다고 가르쳤다.

그러나 그 당시 메도디스트 장로들은 매일 다른 곳에서 설교하면서 큰 순회 집회를 가지고 이곳 저곳을 여행해야 했다. 따라서 매주 일요일 모든 메도디스트 회중(또는 교회) 모임에 참석하는 것은 불가능했고, 이로 인해 초기 메도디스트 역사의 회중은 정기적으로보다는 가끔 성찬을 받는 데 더 익숙해졌다.

그러나 최근 수십 년 동안 주의 만찬을 대하는 메도디스트인들의 자세가 많이 바뀌었다. 일례로 그들은 오늘날 그들의 삶을 개선하고 영적으로 갱신하기 위해 성찬을 기회가 있을 때마다 더 자주 시행하고 있다.

그뿐만 아니라 그들은 세례, 성찬, 사역에 관한 세계교회협의회(WCC)의 연구, 이른바 『리마 문서』의 수렴 및 결정 과정에 참여하면서 성찬에 관한 그들의 기존 입장을 한 걸음 더 나아가게 하는 데 힘쓰고 있다. 이 노력의 과정에서 그들은 줄곧 찰스 웨슬리의 찬송시들 가운데 다음과 같이 도전적인 시구를 인용하곤 했는데, 그 내용은 다음과 같다.

1989년
UMC『찬송가』
no. 616

핑계를 대지 마십시오.
아! 그분의 은혜를 결코 부인하지 마십시오.
세상의 염려와 쾌락을 버리고 예수님이 주셔야만 하는 것을 받으십시오.

은혜의 다른 수단들

위에서 우리는 존 웨슬리가 성례전을 "은혜의 수단"이라는 더 넓은 범주의 일부로 간주했다고 말했지만 메도디스트인들은 다른 수단도 인정한다는 것을 발견했다.

그중 애찬은 존 웨슬리 시대에 모라비안들이 부활시키고, 초기 메도디스트 신도회 모임이 채택한 원시 기독교 제도였다. 메도디스트인들 사이에서 분기별로 시행된 이 제도는 소그룹 모임에 참석하고 〈총칙〉을 준수한 이들에게만 입회를 허락하는 티켓을 발부했다.

> 애찬

이 밖에도 메도디스트인들은 초대 교회의 '철야'(vigil) 제도란 선례를 따라 그들이 밤새도록 함께 기도하는 "밤샘"(watchnight) 기도를 은혜의 수단으로 간주했고, 좀 더 나중에는 장막 집회나 부흥회가 하나님이 사용하시고 정하신 일상적인 은혜의 통로, 즉 은혜의 수단임을 경험적으로 인식하게 되었다.

> 밤샘 기도

보다 전례적인 교회와 비교할 때, 메도디스트인들은 종종 예배와 교회 생활의 스타일에 있어서 자유분방하고, 비공식적이며, 복음주의적인 것처럼 보인다. 반면에 복음주의적 교회와 비교할 때, 메도디스트인들은 좀 더 형식적이고, 전례적이며, 더 '교회적'(churchly)인 것으로 보인다.

> 교회
> 은혜의 수단
> 그리스도인의 삶

따라서 메도디스트 운동의 은사 중 하나는 이 복음주의 신앙에 저 '교회적' 또는 성례전적 비전을 제시해 준다는 것에 있다. 즉, 교회의 본질, 사역, 성례전을 포함한 은혜의 수단에 대한 우리 메도디스트인들의 가르침은 개신교 영성의 '교회적' 또는 성례전적 측면을 나타낸다.

그러나 이 모든 것은 이미 앞서 설명한 은혜로의 여정, 즉 "은혜의 수단"에 대한 웨슬리 자신의 정의와 직접 관련이 있다. 그러므로 오늘날 메도디스트인들이 은혜의 수단이란 이름 아래 예배하고, 기도하고, 교제하며, 나눈 것은 사실상 앞서 제4장에서 정리된 세 가지 유형의 은혜, 곧 선행 은총, 칭의 은총, 성화 은총과 다름 없다.

참조

감독이 목회 사역의 세 번째 직분이 아니라 더 높은 등급의 장로라는 믿음은 웨슬리가 1750년대에 읽었고 그가 1784년 자신의 안수를 정당화하기 위해 참조한 17세기 국교회수호주의자(Latitudinarian)들(예를 들어, 에드워드 스틸링플릿[Edward Stillingfleet]과 피터 킹[Peter King])의 자료에서 찾아볼 수 있다.

프란시스 에즈베리 감독과 토마스 콕 감독도 메도디스트교회(ME) 『장정』(Disciplines)의 초판, pp.45-46에 대한 주석을 달 때 웨슬리와 동일한 인용 출처인 17세기 국교회수호주의자들의 자료를 사용한다.

존 웨슬리가 주의 만찬을 "회심의 의식"(converting ordinance)으로 언급한 내용은 그의 일기(1740년 6월 27일)에 보고된 설교 요약본에 나온다.

존 웨슬리가 장로들에게 매주 일요일 주의 만찬을 거행하도록 권면한 내용은 『북미 감리교도들을 위한 주일 예식서』(The Sunday Service of the Methodists in North America)에 보낸 서문에서 찾아볼 수 있다(¶ 4, p. ii).

추가 참조

서로 다른 교회 전통이 교회와 성례전에 관한 교리를 설명하고 접근하는 방식의 차이를 비교한 일반적 연구로는 Campbell, *Christian Confessions*, 54-61(동방정교회), 97-112(가톨릭), 163-83(개혁 및 연합교회), 240-56(복음주의 및 자유교회)을 참조하라.

웨슬리안 공동체의 교회, 사역, 성례전 교리에 대한 더 자세한 논의는 Campbell, *Wesleyan Beliefs*, 46-57, 101-6, 167-201, 233-42; Jones, *United Methodist Doctrine*, 241-74를 참조하라.

*The Wesleyan Studies Project: Methodist Doctrine video series*의 아홉 번째에서 열한 번째까지의 강좌를 맡은 데이비드 케쿰바 엠바(David Kekumba Yemba), 헨리 H. 나이트(Henry H. Knight), 로렌스 헐 스투키(Lawrence Hull Stookey), 테드 A. 캠벨(Ted A. Campbell)의 수업을 통해 교회, 사역, 성례전 및 주의 만찬에 대한 근본 가르침이 웨슬리안 전통의 맥락에서 어떻게 논의되고 있는지 살펴보라.

주의 만찬을 포함한 은혜의 수단에 관한 존 웨슬리의 이해는 〈은혜의 수단〉이란 그의 설교에서 잘 표현되고 있다(Campbell, *Wesley Reader*, 101-29).

웨슬리 자신의 안수에 대한 설명과 북미에 별도의 메도디스트교회를 마련하기 위한 준비 과정은 "콕, 에즈베리, 그리고 북미에 있는 형제들에게" 보낸 그의 편지에 기록되어 있다(Campbell, *Wesley Reader*, 193-96).

제6장

심판, 영생, 하나님의 통치

**심판,
영생,
하나님의 통치에
관한 가르침**

우리는 우리가 보는 것으로 살아간다. 따라서 우리가 미래를 보고 믿는 방식은 우리가 사는 매일 매일의 삶에 지대한 영향을 미친다. 그런데 이는 비단 개인뿐만 아니라 그룹에도 적용된다.

결혼을 예로 들어보자. 이 작은 그룹 안에 있는 두 개인은 그들 서로가 바라보는 비전이나 목표를 공유하는 한 그들 앞에 놓인 무수히 많은 삶의 도전에 어떻게 든 대처할 수 있다.

그렇다면 그보다 조금 더 큰 집단인 교회는 어떨까?

교회도 마찬가지다. 다시 말해, 교회 안의 개인들이 그들의 미래에 대해, 특히 심판, 영생, 하나님의 통치에 대해 보고 말하고 가르치며 공유하는 방식은 사실상 그들의 전통이 하나님의 미래에 대해 보고 믿고 이해하며 영향을 받는 방식과 동일할 수 밖에 없다.

이번 장에서 필자는 이 미래에 대한 기독교적 진술, 보다 구체적이고 한정적으로 말하면 심판, 영생, 하나님의 통치와 같은 하나님의 미래에 대해 메도디스트인들이 어떻게 교리적으로 진술하고 있는지를 간략하게 살펴볼 것이다.

〈종교강령〉(Twenty-Five Articles of Religion) 제3조는 다음과 같이 진술한다.

> [그리스도께서] 천국에 오르시며 마지막 날에 만민을 심판하시려고 재림하실 때까지 거기 앉아 계시리라.

이 진술은 사도신경의 "저리로서 산 자와 죽은 자를 심판하러 오시리라"와 니케아 신경의 "산 이와 죽은 이를 심판하러, 영광 속에 다시 오시리니"와 일치한다.

결국, 그리스도는 장차 우리 모든 믿는 자들의 심판자가 되실 것이다. 웨슬리의 설교는 최후의 심판 때 우리의 모든 생각과 말과 행동이 알려지고 심판을 받을 것이라고 주장한다. "마지막 날" 곧 최후의 심판 날에 우리가 의롭게 되는 것은 또 다시 그리스도를 믿음으로 말미암는 것이지만(제3장과 제4장 참조), 우리의 행위는 하나님의 시험을 피하지 못할 것이다.

찰스 웨슬리의 찬송시 〈대속하신 구주께서〉(Lo, He Comes with Clouds Descending)는 이 불 같은 심판을 다음과 같이 생생하게 묘사한다.

> 엄숙하신 주의 위풍 모든 사람 뵈올때
> 주를 팔고 십자가에 못을 박던 자들이 슬피 울고 가슴치며 참 메시아 뵙겠네.

더 넓은 기독교 전통과 함께 메도디스트인들은 그리스도에 의해 구원받은 사람들이 그리스도와 성도들과 영원한 교제의 기쁨을 나눌 것이라고 가르친다.

심판

〈종교강령〉3
UMC〈신앙고백〉12
사도신경과
니케아 신경

1984년
AME『찬송가』
no. 99;
1989년
UMC『찬송가』
no. 718

그리스도 안에서의 영원한 생명

사도신경과 니케아 신경 UMC〈신앙고백〉 12	사도신경은 "영생"에 대한 우리의 믿음을 확증하며 영생의 기쁨으로 결론을 내린다. 마찬가지로 니케아 신경은 "후세의 영생"이라는 확언으로 끝을 맺는다.
존 웨슬리의 설교 〈성경적 구원의 길〉(The Scripture Way of Salvation), I:1	존 웨슬리가 "영원한 행복"(eternal happiness)이라고 표현한 천국은 그리스도 안에서의 영원한 기쁨을 뜻한다. 반면 지옥은 그리스도를 거부하는 자들에게 예비된 심판으로서 그리스도 안에서의 영원한 기쁨과 성도들과의 교제로부터 최종적으로 단절된 "영원한 정죄"(endless condemnation)를 뜻한다(UMC〈신앙고백〉).
	어떤 교회나 교인도 감히 천국이냐, 아니면 지옥이냐를 판결할 수 없고 오직 "세상을 심판하시는 이가 정의를 행하실 것"(창 18:25)임을 믿을 수 있을 따름이다. 결국, 최종 심판은 하나님의 공의에 달려 있다.
〈종교강령〉 14	〈종교강령〉 제14조는 종교개혁의 가르침과 마찬가지로 그리스도 안에서 죽은 자들의 영혼이 산 자의 기도로 도움을 받을 수 있는 곳인 중세 가톨릭의 '연옥' 개념을 거부한다.
	하지만 존 웨슬리는 그리스도를 거부한 사람들이 그들의 다가오는 운명(아직 선언되지 않은)을 알게 되며 그리스도를 믿는 자들은 "아브라함의 품" 또는 "낙원"에 참여하여 그곳에서 거룩함 가운데 지속적으로 성장할 수 있는 상태, 곧 죽음과 최후 심판 사이의 '중간 상태'에 있을 것이라고 믿었다. 웨슬리의 이러한 믿음은 연옥을 거부하는 메도디스트 전통의 교리적 표준에 공식적으로 부합하진 않지만 죽음과 최후 심판 사이에 있는 것에 대해 적절한 침묵을 유지해 준다.
하나님의 통치 (왕국) 니케아 신경	니케아 신경이 그리스도에 대해 마지막으로 말하고 있는 것은 "그분의 나라는 끝이 없으리이다"라는 것이다. 이것은 마태, 마가, 누가가 묘사한 것처럼 예수님의 입에서 일관되게 전해진

메시지인 다가올 하나님의 통치 또는 왕국을 가리킨다. "하나님의 왕국"은 하나님의 미래에 대한 한 개인의 비전이 아니다. 그것은 하나님의 통치나 지배가 전 세계에 영향을 미치는 미래를 뜻한다. 하나님의 공의와 자비와 사랑이 온 땅에 충만할 때까지 지구가 변모하는 비전이 바로 "하나님의 왕국"이다.

최근 연구에 따르면 존 웨슬리의 구원 신앙은 점진적으로 발전한다. 일례로 웨슬리는 구원에 대한 자신의 신앙을 "새로운 창조"로 표현하곤 했는데, 후기 웨슬리의 생애에서 이 개념은 전 우주적 구원과 치유를 의미하는 것으로 설명된다. 만물 전체의 구속에 대한 이 신앙은 비록 웨슬리의 후기 저작에서처럼 메도디스트 전통의 교리적 표준에 명확하게 반영되지는 않았지만, 오늘날 웨슬리안의 사회생태학적 비전을 확립하고 발전시키기 위한 강력한 이론적 기초(토대)가 되고 있다.

우리는 "오직 예수님의 피와 의(義) 위에 세워진" 소망, (또 다시!) 소망 안에서 살도록 부름을 받았다(에드워드 모트). 하나님의 은혜는 우리를 변화시킬 것이고, 우리의 기독교 공동체를 변화시킬 것이며, 결국에는 피조물 전체를 변화시킬 것이다. 그리하여 우리를 포함한 모든 만물이 다 함께 "세상 나라가 우리 주와 그분의 그리스도의 나라가 되어 그가 세세토록 왕 노릇 하시리로다"(계 11:15)라고 고백하게 될 것이다.

> 존 웨슬리의 설교 〈새로운 창조〉(The New Creation)
>
> 그리스도인의 소망으로 말미암은 삶
> 1984년 AME『찬송가』 no. 364;
> 1987년 CME『찬송가』 no. 223;
> 1989년 UMC『찬송가』 no. 368

참조

웨슬리의 후기 사상에 나타난 "새로운 창조" 개념과 현대 웨슬리안의 삶과의 관련성에 대해서는 Runyon, *New Creation*을 참조하라.

추가 참조

서로 다른 교회 전통이 죽음 너머의 삶에 대한 교리를 설명하고 접근하는 방식의 차이를 비교한 일반적인 연구로는 Campbell, *Christian Confessions*, 53-54(동방정교회), 96-97(가톨릭), 162(개혁 및 연합교회), 239-40(복음주의 및 자유교회)을 참조하라.

웨슬리안 공동체의 종말론에 대한 더 자세한 논의는 Campbell, *Wesleyan Beliefs*, 242-47; Jones, *United Methodist Doctrine*, 216-18를 참조하라.

*The Wesleyan Studies Project: Methodist Doctrine video series*의 열두 번째 강좌를 맡은 랜디 L. 매닥스의 수업을 통해 종말론에 대한 근본적인 가르침이 웨슬리안 전통의 맥락에서 어떻게 논의되고 있는지 살펴보라.

영원한 상급과 형벌에 대한 존 웨슬리의 믿음과 생각에 대해서는 그의 〈어떤 로마가톨릭 교도에게 보내는 편지〉(Letter to a Roman Catholic), ¶10을 참조하라(Campbell, *Wesley Reader*, 164).

제7장

메도디스트 교리와 정신

교리
도덕성
정신

    기독교 교리에 관한 책이 반드시 기독교 윤리와 도덕적 문제를 다루는 것은 아니다. 그러나 메도디스트 전통의 교리적 표준, 특히 〈총칙〉(General Rules)이나 〈사회신경〉(Social Creed)은 기독교 윤리의 핵심 문제와 밀접하게 연결되어 있다.

    더욱이 우리가 앞서 개요(Introduction)에서도 살펴보았듯이 메도디스트인들의 교리적 표준에는 신학적 측면 외에 도덕적 측면도 포함되어 있다. 교인 자격을 부여하거나 승인하기 위해 내세운 메도디스트인들의 요건도 대체로 교리가 아닌 윤리였다.

    물론, 메도디스트인들이 진술한 옛 교리 성명서나 진술을 보면 오늘날의 기준이나 문화규범에 맞추기에는 너무 구식인 것들이 있다. 예를 들면, 특정 관세를 지불해야 한다거나 일요일은 주님의 날로 반드시 준수해야 한다는 것 등이 그렇다.

    하지만 메도디스트 교리에 관한 이 책이 이 교리 안에서, 그리고 이 교리를 진술하고 있는 여러 역사적 자료 안에서 버젓이 살아 숨쉬고 있는 도덕과 윤리 문제에 대해 마냥 침묵할 수는 없는 노릇이다. 도리어 그것의 최소한인 메도디스트 정신, 좀 더 구체적으로 말하면 삶, 공동체, 예배, 재화, 문화, 사회, 규범 등을 포함한 도덕 일반에 관하여 메도디스트인들의 도 및 윤리 정신이 어떻게 교리적으로(또한, 역사적으로) 표현되어 왔는지를 정리하고 담아낼 필요가 있다.

메도디스트 정신: 보수적 성향의 개인적 도덕성과 진보적 성향의 사회적 도덕성

진정한 기독교 사회가 어떤 모습일지 상상하면서 C. S. 루이스는 이렇게 말한 바 있다.

> 그 사회의 경제 생활은 매우 사회주의적일 것이고 그런 의미에서 '진보적'일 것이지만, 가정 생활과 예의 범절은 다소 보수적일 것이다.

메도디스트인들이 역사적으로 가지고 있던 정신도 이와 마찬가지다. 사실상 루이스가 상상한 진정한 기독교 사회의 모습과 같이 그들의 정신도 보수적인 면과 진보적인 면을 모두 가지고 있다.

우선 '개인적 도덕성'(personal morality)과 관련하여 메도디스트 정신은 다소 엄격하고 보수적인 면을 가지고 있다. 따라서 그것은 개인의 도덕적 책임을 강조하고 선한 일에 종사할 필요성, 그리고 담배를 피우거나 위스키나 진과 같은 독한 알코올 음료를 마시는 등의 특정한 해악을 피해야 할 필요성을 강조한다.

다음으로 '사회적 도덕성'(social morality)과 관련하여 메도디스트 정신은 다소 진보적인 면을 가지고 있다. 따라서 그것은 미국의 노예 제도나 인종차별을 근절하기 위한 투쟁에 메도디스트인들이 참여할 수 있도록 독려했다.

메도디스트 정신의 토대: 성화된 애정

그렇다면 한편으로는 보수적이고 다른 한편으로는 진보적인 메도디스트 정신의 도덕성은 무엇인가?

아니, 도대체 메도디스트인들에게 도덕적인 삶이란 무엇인가?

메도디스트 정신은 도덕적인 삶을 단순히 악의 유혹을 피하기 위한 허드렛일로 이해하지 않으며, 남들이 선하다고 여기는 일을 마지못해 하는 것으로도 이해하지 않는다. 메도디스트 정신은 도덕적 삶을 성화의 문제와 깊은 관련 속에서 이해한다.

앞서 제4장에서 살펴본 바와 같이 메도디스트인들은 성화를 다음과 같이 이해한다. 성화는 사람의 의지와 애정이 은혜로 인해 점진적으로 변화되어 악을 싫어하고 선을 행하기를 바라는 지점에 참으로 이르는 과정이다.

실제로 메도디스트 전통의 설교나 찬송시들은 그들의 신앙 공동체가 악을 피하고 모든 종류의 선을 행할 수 있도록 격려하고 동기를 부여하는 수단이 되어 왔다.

> 죽어 가는 자를 구하고 죽어 가는 자를 돌보아라
> 예수는 자비로우시니 예수께서 구원하실 것이요
> (프랜시스 제인 크로스비)

1984년
AME『찬송가』
no. 211;
1987년
CME『찬송가』
no. 142;
1989년
UMC『찬송가』
no. 591

결국, 중요한 것은 성화의 근원, 즉 악을 피하고 선을 행하도록 우리의 애정과 의지에 동기를 부여하는 근원이 무엇인지를 분별하는 것이다. 즉, 개인이나 사회의 도덕성과 관련하여 메도디스트 정신이 말하고자 하는 것은 개인이나 사회의 행위 그 자체가 아니라 그 행위를 유발하고 동기를 부여하는 하나님의 은혜이다. 따라서 그것은 그리스도 안에서 흘러나오는 회개와 믿음과 기쁨의 은혜로 말미암는 악과의 전투이자 선한 싸움 외에 다른 어떤 것이 될 수 없다.

이 장의 구조   이미 언급한 바와 같이, 이 장의 주된 논의는 메도디스트인들의 교리적 표준을 '기독교 공동체의 삶', '개인적 도덕성', '사회적 도덕성'이라는 세 가지 표제하에 살펴보고 그 안에 표현된 메도디스트 정신이 무엇인지 보다 정확히 설명하려는 시도와 관련이 있다.

이를 위해 이 장이 가장 많이 참조하게 될 교리적 표준으로는 먼저 〈총칙〉이 있고, 도덕성의 문제와 관련해선 〈종교강령〉이 있으며, 기독교인의 행위나 규범 문제와 관련해선 존 웨슬리의 설교 구절과 메도디스트 전통의 〈사회신경〉을 사용할 것이다. 또한, 이 장에서는 교리적 표준으로 공식화되지는 않았지만 메도디스트 전통 내의 다양한 교파 사이에서 도덕적 합의에 도달한 몇 가지 문제에 대해 논의할 것이다.

기독교 공동체의 삶   〈총칙〉의 세 가지 요구 사항은 다음과 같다.

첫째, 흔히 하기 쉬운 각양 악한 것을 피할 것
둘째, 모든 사람에게 할 수 있는 각양 선을 행할 것
셋째, 하나님의 모든 예법을 삼가 지킬 것

이 세 가지 요구 사항 중 하나님의 모든 예법은 다른 그리스도인들과 함께 하는 공동의 일을 가장 직접적으로 언급하고 있기 때문에, 기독교 공동체의 삶은 이 세 가지 순서상 맨 마지막에 온다고 할 수 있다. 하지만 기독교 공동체의 삶은 〈총칙〉의 기본 전제이지 부록이 아니다.

그리고 이 기본 전제로서의 기독교 공동체의 삶은 〈총칙〉에 따르면, 매주 서로의 도덕적 행위에 대해 책임을 지게 하는 계약의 역할을 하는 한편 다음과 같은 종교적 행위에 대해서도

특별한 책임을 지도록 한다.

> 하나님께 공중 예배하는 것,
> 성경 말씀을 읽거나 해석하는 것,
> 주의 만찬과 가족 기도와 개인 기도와 성경 공부, 그리고
> 금식과 절식하는 것들이다.

〈총칙〉 파트 III
UMC〈신앙고백〉 13

위의 종교적 행위와 관련된 모든 항목은 기독교 공동체의 삶 속에서 "은혜의 수단"으로 이해되었다(제5장 참조). 메도디스트 운동 초기에 메도디스트인들은 잉글랜드국교회의 맥락에서 공적 예배, 설교, 주의 만찬에 참여했다.

공적 예배
설교
주의 만찬

하지만 시간이 지나면서 그 운동은 순회 설교자들의 순회 구역을 중심으로 자리 잡게 되었다. 그리고 이때부터 그들이 본래 잉글랜드국교회의 맥락에서 참여했던 설교의 형태가 그들 자신만의 고유한 형태(야외 설교)로 바뀌게 되었고, 1780년대에 이르면 나머지 두 개의 항목, 즉 주의 만찬과 공적 예배도 그들 고유의 특색을 지닌 형태로 변모하게 되었다.

그러나 제5장에서 살펴본 바와 같이 웨슬리 시대 이후로는 주의 만찬(성찬식)을 거행하는 일이 점차 드물어졌다. 그 결과 메도디스트인들은 그들의 공적 예배에 있어 좀 더 특색이 있고 구별된 형태의 예배 및 행사인 장막 집회, 지역 부흥회, 일요일 저녁, 수요일 저녁 기도회 등을 발전시키게 되었다.

〈총칙〉이 요구한 종교적 행위 중 가족 기도, 개인 기도, 성경 공부, 금식, 절식은 메도디스트인들 사이에서 특별히 권장된 훈련이었다. 특히, 금식은 메도디스트인들에게 그다지 가혹할 필요가 없는 훈련 중 하나였다.

기도
성경 공부
금식

일례로 존 웨슬리는 금식을 틈틈이 하며 개인의 영성 훈련에 열을 올렸는데, 그의 금식 방법은 고대 기독교인의 관습을 따라 수요일과 금요일에 해뜰녘부터 오후 중반까지 음식을 피하는 것이었다. 이러한 형태의 보다 친밀하고, 또 어떤 면에서는 완곡(婉曲)한 방식의 영성 훈련과 공적 예배, 설교 및 성찬식의 결합은 훗날 메도디스트인들의 삶에 매우 일관되면서도 특징적인 형태의 영성과 생활 방식을 부여했다.

주님의 날
〈총칙〉 파트 I;
UMC 〈신앙고백〉
14

메도디스트 정신의 일관된 측면 중 또 다른 하나는 일요일을 "주님의 날"로 준수하는 것이었다. 여기에는 그날의 노동을 삼갈 뿐 아니라 다른 사람들로 하여금 일요일에 노동을 하지 않도록 배려하려는 진지한 시도가 포함되어 있다. 이러한 시도와 관련하여 〈총칙〉은 메도디스트인들이 "늘 하는 사업이나 매매하는 일로 주일(주님의 날)을 범하는 것"을 금하고 있다.

**속회
다른 소그룹 모임**

기독교 공동체의 삶과 관련하여 나타난 메도디스트 정신의 또 다른 측면은 소그룹에 참여하는 것이었다. 초기 메도디스트인들이 참여한 최초의 소그룹은 1740년대 중반에 "속회"(class)라는 더 작고 친밀한 그룹으로 세분화된 "신도회"(society)였다. 신도회나 속회가 기도와 성경 공부를 위해서뿐만 아니라, 특히 책임 있는 제자도를 실천하기 위해 모였다는 것을 깨닫는 것은 매우 중요하다.

〈총칙〉의 서문

〈총칙〉의 서문은 이러한 소그룹의 기원을 설명하는 한편, 신도회와 속회 활동을 통해 책임을 다해야 할 윤리 및 도덕 지침에 대해 명시하고 있다. 누구나 메도디스트 교인이 될 수 있다. 그러나 일단 그렇게 되려면 그 사람은 〈총칙〉에서 요구하는 책임을 다해야 하고, 속회의 주간 규율에 따라 매주 〈총칙〉의 요구 사항을 지켰는지 여부를 서로 묻고 확인하는 활동에 참여해야 했다.

비록 이 같은 속회의 활동이 1800년대 중반 이후 서서히 쇠퇴하기 시작하지만, 많은 아프리카계 미국인 감리교 교단에서는 여전히 그 활동을 유지하고 있다.

이 밖의 다른 교단에서는 1800년대 후반부터 여성, 남성, 청소년을 위한 메도디스트 성인 주일학교 반과 새로운 주중 소그룹들을 만들어 속회의 이전 정신 가운데 일부를 수용하고, 계속해서 책임 있는 제자도의 정신을 이어 가고 있다.

그리고 현재에는 "언약의 제자도"(Covenant Discipleship)란 정신으로 새롭게 갱신되어 보다 현대적인 기독교 관심사에서 비롯된 윤리 및 도덕 지침에 관해 서로의 책임을 묻고 확인하는 등의 소그룹 활동으로 이어지고 있다.

메도디스트인들의 정신을 규명할 수 있는 두 번째 주제는 개인적 도덕성이다. 어떤 사람이 메도디스트 신자가 되려면 그의 개인적 행실이 흠잡을 데 없어야 했다. 따라서 수습 회원 기간 (AME, AME Zion 및 CME 교회에는 여전히 유효함) 동안 그 사람은 개인의 인격 또는 성품에 대해 지속적으로 훈련하고 점검을 받아야 했다.

또한, 정직하고 공개적으로 자신을 **나타내야** 했다. 이는 메도디스트인들이 역사적으로 '비밀 조직'(프리메이슨 및 이와 유사한 조직을 의미함)에 참여할 수 없었던 이유이기도 했고, 앞으로 정회원이 되었을 때 속회의 규율(및 황금률[Golden Rule])에 따라 살아가기 위해 필요한 자질이기도 했다

〈총칙〉과 〈종교강령〉 제25조는 메도디스트인들이 지향해야 할 바람직한 형태의 연설(speech) 규범과 관련이 있다.

〈총칙〉은 "하나님의 이름을 망령되게 쓰는 것"과 "싸움과 시비와 떠들음과 형제간에 송사하는 것과 악을 악으로 갚는 것

개인적 도덕성

연설과 관련된 개인적 도덕성

〈총칙〉 파트 I; 존 웨슬리의 설교 〈험담의 치료〉 (The Cure of Evil Speaking)

이나, 욕을 욕으로 대하는 것과 매매할 때에 여러 말 하는 것"과 "사랑하지 아니하거나 무익한 말을 하는 가운데 특별히 관리와 목사를 비방하는 것"을 금하고 있다.

〈종교강령〉 25   〈종교강령〉 제25조는 그리스도인이 법적으로 요구될 때 치안판사 앞에서 선서(맹세)를 할 수 있도록 허용하고 있지만 "우리 주 예수 그리스도 및 그 사도 야고보가 그리스도인이 헛되고 경홀히 맹세하는 것을 금지하신 것"을 따라야 한다고 명한다. 그러므로 메도디스트인들은 제아무리 옳은 말이라고 할지라도 그것이 필요하거나 (서로에 대하여; 그리고 소그룹이나 보다 큰 공동체 안에서) 유익할 때만 말함으로써 그들의 언사를 삼가 주의하고 조심해야 했다.

성적 순결   메도디스트 정신에서 개인적 도덕성 문제와 관련하여 우리가 엿볼 수 있는 또 다른 주제는 성적 순결과 절제이다. 사실, 메도디스트 전통의 교리적 표준은 성도덕에 대해 거의 말하고 있지 않는다. 단지 성적 친밀감의 표현을 위한 유일한 장소, 적절한 장소는 국가와 교회가 승인한 결혼임을 확인해 주고 있을 따름이다. 그럼에도 불구하고 메도디스트인들은 일반적으로 외설적이거나 성적으로 도발적인 상황을 피하도록 요청받았다.

의복
〈총칙〉 파트 I
개인적 도덕성 문제와 관련하여 메도디스트인들이 관심을 갖는 또 다른 분야는 그들이 옷을 입는 방식과 관련이 있다. 〈총칙〉은 "하나님께 영광되지 않는 것을 행하는 것이니 곧 금으로 만든 패물과 사치한 옷을 입는 것"을 금한다. 메도디스트인들은 또한 의복의 단순함을 강조했는데, 이는 화려한 의복이 성적으로 자극적일 수 있을 뿐만 아니라 불의한 청지기, 즉 재산 남용의 사례로 간주될 수 있기 때문이다. 따라서 〈총칙〉은

옷차림의 사치와 함께 "자기만 생각하는 것과 방종한 생활을 하는 것"도 금한다.

'자기 생각'과 '방종'의 문제와 관련하여 〈총칙〉은 돈과 개인 소유물의 사용에 관한 문제도 제기한다. 많은 메도디스트인이 재물의 축적이나 사용에 대한 존 웨슬리의 설교 〈돈의 사용〉(The Use of Money)을 잘 알고 있다. 이 설교에서 웨슬리는 "할 수 있는 대로 많이 벌어라", "할 수 있는 대로 모든 것을 저축하라", "할 수 있는 대로 모든 것을 주라"고 메도디스트인들을 독려했다.

그러나 이것은 억제되지 않은 탐욕에 대한 허가증이 아니었다. 오히려 이러한 각 항목(특히, 첫 번째 항목인 "할 수 있는 대로 많이 벌어라")에 대한 설명은 할 수 있는 모든 것을 얻되 다른 사람에게 해를 끼치지 않는 방식으로 하라. 또는 정직한 근면을 통해 하라는 점을 분명히 한다.

웨슬리는 그의 또 다른 설교의 제목이기도 한 재물 축적의 위험성에 대해 잘 알고 있었다. 심지어 그는 그의 설교 〈재물 축적의 위험성에 대하여〉에서 잉여 자본의 축적이 가난한 자들을 강탈하는 것과 같다고 가르쳤다. 따라서 〈총칙〉은 "땅 위에 재물을 쌓아 두는 것"을 정죄한다.

메도디스트인들은 또한, 누구에게나 동일한 윤리적 잣대를 가지고 돈을 빌려주거나 빌리는 것을 경계했다. 그래서 〈총칙〉은 "법 밖의 중변으로 돈을 꾸고 받는 것"과 "갚을 수 없을 듯한 돈을 꾸는 것과 혹 갚을 수 없을 듯한 물건을 외상으로 사는 것"을 금한다.

그리고 〈종교강령〉과 연합감리교회(UMC)의 〈신앙고백〉은 둘 다 그리스도인이 사유재산을 가질 수 있다고 허용하고 있

청지기
돈
사유재산

존 웨슬리의 설교
〈돈의 사용〉
I:1, II:1 및 III:1

〈종교강령〉 24
UMC 〈신앙고백〉 15

지만, 메도디스트인들은 자신의 소유물을 적절하고 책임감 있게 사용하거나 관리하는 일에 더 큰 관심을 가져야 한다고 가르친다.

술: 절제와 금욕

〈총칙〉 파트 I

메도디스트인들은 알코올 음료의 절제(temperance) 문제에 큰 관심을 가졌다. 처음에 이것은 문자 그대로 절제, 즉 신중하게 통제된 소비를 의미했다. 따라서 〈총칙〉은 "필요한 일(신병 같은 것) 외에 술을 마시는 것이나 취하는 것"을 금했다.

웨슬리 시대, 즉 18세기에 사용된 술은 맥주나 와인이 아니라 위스키나 진과 같은 "증류주"(distilled liquor)를 의미했다. 그리고 위의 "필요한 일"이라는 것은 술의 의학적 사용이 제한적으로 허용되었다는 것을 뜻한다. 그러나 그들이 결국 알코올의 위험을 경험한 후에는 완전한 금주를 권장했다. 또한, 그들은 미국에서 술을 금지하는 것이 사회 전체를 개선할 것이라고 믿으며 술과의 싸움에 전심으로 참여하게 되었다.

세속적 오락

〈총칙〉 파트 I

마지막으로, 개인적 도덕성에 대한 메도디스트 정신은 "세속적" 오락에 대한 거부와 깊은 관련이 있다. 〈총칙〉은 "주 예수의 이름으로 하지 못할 오락을 취하는 것"과 "하나님을 알기와 사랑하기에 합당하지 못한 노래를 부르거나 서적을 읽는 것"을 금한다.

도박 금지

메도디스트인들은 또한 도박을 반대해 왔다. 단순히 세속적 오락을 피하려는 욕망 때문에 반대한 것이 아니다. 그들은 청지기적 사명에 대한 책임 의식과 자신과 공동체의 삶에 도박이 미칠 악영향 때문에 운에 맡기는 승부나 놀이에 반대했다.

사회적 도덕성

이제 메도디스트 정신의 세 번째 주제인 사회적 도덕성에 대해 살펴보자. 이 마지막 주제와 관련하여 메도디스트 전통의 역사적 행로를 보면 우리는 메도디스트인들이 사회의 개혁, 즉 사회의 성화(성결)를 위해 다소 진보적 입장을 취했음을 알 수 있다.

메도디스트 정신에서 사회적 도덕성과 관련된 주된 관심사는 **사회 봉사** 활동에 있었다. 그런데 이것은 단순히 자선 기부를 의미하는 것이 아니고 가난한 사람, 병든 사람, 죽어 가는 사람, 착취당하는 사람, 고통받는 사람과 직접 대면하는 구체적인 참여를 의미했다. | 사회 봉사

따라서 〈총칙〉은 메도디스트인들이 "주린 이에게 먹을 것을 주며 벗은 이에게 옷을 주며 병든 이와 옥에 갇힌 이를 찾고 도와줄 것"에 책임을 지게 했다.

또한, 아프리카감리교감독교회(AME)의 〈사명 선언문〉은 사회 봉사 활동에 대한 총칙의 강조를 설득력 있게 포착하고 『장정』(Disciplines)의 맨 서두에 다음과 같이 가르친다. | AME의 문서 〈사명 선언문〉

> 아프리카감리교감독교회(AME)의 사명은 말과 행동을 통해 그리스도의 해방시키는 복음을 전파함으로써 모든 사람의 영적, 지적, 신체적, 정서적, 환경적 필요를 돌보는 것이다. 모든 수준에서의 소통과 지역 교회와의 연대 안에서 아프리카감리교감독교회(AME)는 그들의 요람인 자유아프리카신도회(Free African Society)의 본래 정신을 수행하는 데 참여해야 한다.
> 즉, 잃어버린 자를 찾아 구원하고, 더 나아가 (1) 복음을 전하고, (2) 배고픈 사람을 먹이고, (3) 벌거벗은 사람에게 옷을 입히고, (4) 노숙자를 수용하고, (5) 넘어진 자를 일으켜 세우고, (6) 실업자에게 일자리를 제공하고, (7) 감옥, 병원, 요양원, 보호 시설 및 정신 기관, 양로원에 있는 사람들의 필요를 관리하고, 병자,

감금된 사람, 정신적 및 사회적으로 어려움을 겪는 사람을 돌보고, (8) 근검절약과 경제발전을 도모하는 등의 계속적인 프로그램을 통해 궁핍한 자를 섬겨야 한다.*

메도디스트 역사의 엄청난 비극 중 하나는 캐서린 부스(Catherine Booth)와 윌리엄 부스(William Booth)의 지도 아래 구세군(Salvation Army)이 19세기 영국의 감리교뉴커넥션(Methodist New Connexion)에서 이탈한 것이었다. 이러한 이탈은 메도디스트인들이 자신을 중산층과 더 많이 동일시하면서 발생했다. 즉, 그들의 삶이 점차 번성하면서 구세군과 같은 조직을 통해 빈민과의 구체적 관계를 포기하게 되었고, 이는 사회적 도덕성 본연의 정신을 깨뜨리는 비극으로 귀결되었다.

자선 기부 사회적 도덕성과 관련된 메도디스트 정신의 두 번째 측면은 **자선 기부**였다. 이것은 본래 책임 있는 청지기직의 개인 윤리와 관련이 있었다. 하지만 메도디스트인들은 모든 잉여 자본이 하나님과 가난한 자들의 것이며, 그것을 쌓아 두는 것은 하나님과 가난한 자들을 도적질하는 것이라고 믿었다.

따라서 존 웨슬리는 그의 설교 〈돈의 사용〉에서 "할 수 있는 대로 모든 것을 주라"고 강조하면서 메도디스트인들이 필요 이상으로 가진 것이 있으면 다 주어야 한다고 가르쳤다.

다시 말하지만, 자선 기부의 개인 윤리는 바로 앞서 제기한 요점인 **사회 봉사 활동**과 관련해서 이해해야 한다. 메도디스트인들에게 자선 기부는 단순히 잘 알려지지 않은 조직이나 단체에 돈을 퍼붓는 활동이 아니다. 그들에게 자선 기부는 그들 자신이 직접 나서서 참여하는 사회 봉사 활동이었다. 그리고 풍성한 연보(捐補)나 십일조나 서약 헌금은 단순히 교회 활동을 위한 기금 마련이 아니고 책임 있는 청지기직에 대한 개인 윤리요 사회적 영성을 표현하는 메도디스트 정신의 일환이었다.

사회적 도덕성과 관련된 메도디스트 정신의 세 번째 측면은 정치적 포럼에서나 다루어질 법한 조직적인 사회적 악에 대해 관여하는 것이었다. 웨슬리 시대의 메도디스트인들에게 조직적인 악의 두드러진 사례는 **노예 제도**였으며 웨슬리는 노예 제도를 폐지하려는 정치적 노력을 지지했을 뿐 아니라 누군가가 노예 제도를 지지한다면 그들은 결코 메도디스트인이 될 수 없다고 주장했다. 따라서 1808년의 〈총칙〉은 "노예 소유: 노예 매매"를 철저하게 금했다(이 책의 부록을 참조하라).

그러나 미국 메도디스트 신앙공동체는 노예 제도에 대한 웨슬리의 이 같은 주장을 온전히 따르지 못했다. 따라서 노예 문제는 미국 메도디스트 역사의 첫 100년 동안 가장 분열적이고 파괴적인 문제 중 하나가 되었다.

메도디스트교회(ME)의 역사 초기, 메도디스트인들은 노예 문제에 대해 적극적 대응을 펴지 않았다. 그들은 단지 회원 자격을 제한하는 조건이라는 타협안을 내고 노예 소유에 관한 문제를 일단락 짓기 원했다.

그 결과 노예 문제를 둘러싼 메도디스트 교단 내 갈등이 걷잡을 수 없이 커졌고 1840년대 초에 남감리교회(MES)가 분열되었다. 아프리카감리교감독교회(AME), 아프리카감리교성공회 시온교회(AME Zion), 메도디스트교회(ME)의 일부 교인은 노예제 폐지를 위해 앞장섰고, 1860년 메도디스트교회(ME)의 총회는 노예제를 파문의 근거로 삼는 조항을 천명했다. 하지만 이 같은 결정은 참으로 뒤늦게, 즉 1800년대 후반이 되어서야 남감리교회(MES)에 전해진다.

조직적인 사회적 악에 대한 관여

노예 제도

인종차별 반대

노예 문제 외에도 메도디스트 신앙공동체는 인종차별이라는 더 큰 문제와 씨름했다. 때때로 "인종차별"은 단순히 인종적 편견이나 편협함과 동일시되지만 여기에서 우리의 관심은 인종적 편견과 세습된 권력 구조 또는 사회 체계의 악의적 결합이 교회 안에도 있었다는 데 있다.

교회의 보편성 교리(제5장 참조)는 모든 형태의 인종차별을 배제해야 한다. 하지만 인종차별은 현대 사회와 문화에 너무나 깊이 들어와 있어서 교회는 보다 더 실질적이고 직접적이며 지속적인 방법으로 인종차별의 문제를 다루어야 한다.

메도디스트인들에게 인종차별에 관한 우려는 본래 노예 제도의 문제와 관련이 있었다. 하지만 그것은 아프리카감리교감독교회(AME)와 아프리카감리교성공회 시온교회(AME Zion)의 교단 출범으로 말미암아 더 큰 문제로 확장되었고, 미국 남북 전쟁 이후의 기간에는 교단 간의 거듭된 분열이라는 가장 날카롭고 첨예한 문제로 전환되었다.

모든 아프리카감리교감독교회(AME) 『장정』의 시작 부분에 있는 "역사적 진술"(Historical Statement)과 모든 아프리카감리교성공회 시온교회(AME Zion) 『장정』의 시작 부분에 있는 "설립자 연설"(Founder's Address)은 그들의 기원이 교회의 보편적 구조에서 배제된 상황, 즉 전적으로 인종이란 정서에 기반한 고통스러운 배제의 상황에서 비롯되었음을 분명히 한다.

따라서 아프리카감리교감독교회(AME)와 아프리카감리교성공회 시온교회(AME Zion)는 처음부터 노예 문제 외에도 인종적 편견이 불러온 권력 구조 문제, 인종차별 등의 문제에 깊은 관심을 가졌다. 그리고 같은 이유에서 아프리카감리교감독교회(AME)의 "감독 인사"(Episcopal Salutation)도 다음과 같이 진술한다.

우리는 체계적, 개인적, 제도적, 이념적, 문화적, 경제적 등 모든 표현의 인종차별에 명백히 반대한다. | 1992년 AME의 『장정』 p.3

남부의 메도디스트교회(ME)는 인종적으로 분리된 교회가 되었다. 그리스도교감리교회(CME) 또한, 남부 주들의 인종차별적 분리 패턴을 그대로 계승했다. 비록 그리스도교감리교회(CME)의 『장정』이 "그렇게 배타적인 적은 한 번도 없었다"라고 말하고 있지만 그 교회가 1870년에 남감리교회(MES)에서 분리되었을 때, 그 원래 이름은 "유색인감리교회"(Colored Methodist Episcopal Church)였으며 사실상 아프리카계 미국인들만의 분리된 공동체였다. | 1994년 CME의 『장정』 p.14

하지만 1954년 이후로 유색인감리교회는 자신의 "교단 이름에 인종적 명칭이 붙어있는 모순"을 지적하면서 "그리스도교감리교회"(Christian Methodist Episcopal Church)로 이름을 바꿨다.

남감리교회(MES) 역시 이러한 화해의 행보에 동참했다. 비록 구조적으로 인가된 인종 분리 정책이 별도의 중앙 관할 구역의 형태로 1970년까지 지속되긴 했지만, 인종 분리 정책에 관한 남감리교회(MES)의 공식적 입장은 1939년 메도디스트교회(ME) 및 감리회개신교회(MP)와의 교단 통합을 이루기 전에 이미 기존의 찬성 입장에서 반대 입장으로 완전히 바뀌게 되었다.

현재 그리스도교감리교회(CME)와 연합감리교회(UMC)의 헌법에는 "교회의 포용성"(The Inclusiveness of the Church)에 관한 법률 조항이 명시되어 있고, 그리스도교감리교회(CME)의 〈사회신경〉과 연합감리교회(UMC)의 〈사회원칙〉(Social Principles)에는 인종차별에 대한 강력한 규탄이 예시되어 있다.

또한, 최근의 메도디스트 역사 연구는 아프리카감리교감독교회(AME), 아프리카감리교성공회 시온교회(AME Zion), 그리스도교감리교회(CME), 연합감리교회(UMC)의 교인과 기관, 그리고 백인 남부 메도디스트교회의 여성 교인들이 1950년과 60년대의 시민권 운동에 깊이 관여한 사실을 분명하게 보여 주고 있다.⁺

메도디스트인들의 인종차별 반대는 교회의 속성이 본질적으로 "보편적"(catholic)이라고 하는 그들의 가르침(제5장)뿐만 아니라 복음과 그 사명의 보편적 범위를 인정한 그들의 알미니안 신학(제3장)에도 근거를 두고 있다.

더욱이 메도디스트인들의 예배 전반에 줄곧 울려 퍼지는 찰스 웨슬리의 찬송시, 예를 들어, 1989년 연합감리교회(UMC)의 『찬송가』(*Hymnal*), no. 548에는 갈라디아서 3장 28절을 기초로 하여 새롭게 개정된 "그리스도 안에는 동도 없고 서도 없나니"라는 가사가 급진적 포용의 선율과 함께 울려 퍼진다.

> 너희는 유대인이나 헬라인이나 종이나 자유인이나 남자나 여자나 다 그리스도 예수 안에서 하나이니라(갈 3:28).

웨슬리 신학에 근거한 일련의 교리적 표준을 세운 뒤로 메도디스트인들은 계속해서 사회 개혁을 위한 운동에 참여해 왔다. 그들(특히, 여성 집사들)은 여성과 아동의 생활 환경을 개선하기 위해 노력했고, 1800년대 말과 1900년대 초 미국 도시의 급격한 성장과 함께 발생한 노동자 및 빈곤 문제를 해결하고자 힘썼다.

1957년 AME Zion 『찬송가』 no. 543; 1984년 AME 『찬송가』 no. 557; 1989년 UMC 『찬송가』 no. 548

사회 개혁에 대한 이러한 헌신을 반영하여 1908년 메도디스트교회(ME)는 〈메도디스트 사회신경〉(The Methodist Social Creed)이라는 독특한 고백 문서를 채택했다. 이 문서가 처음 채택될 당시 〈사회신경〉의 주된 내용은 경제나 노동 문제에 국한되어 있었다. 하지만 이제는 지구 자원의 책임 있는 사용, 인권, 부의 공정한 분배 및 평화에 대한 교회의 폭넓은 관심을 반영할 정도로 크게 발전했다.

〈메도디스트 사회신경〉

메도디스트교회(ME)의 〈사회신경〉이 지닌 진보적 측면에도 불구하고, 남감리교회(MES)와 감리회개신교회(MP)는 매우 유사한 형태의 사회적 신조를 1910년도 어간에 채택했다. 그리고 어떤 형태이든 간에 이 신조는 이후로 출간된 모든 메도디스트 교단의 『장정』에 포함되기 시작했다.

따라서 그리스도교감리교회(CME)도 〈사회신경〉의 일부를 채택하여 『장정』으로 발표하고, 복음주의연합형제교회(EUB)도 1946년 창립 당시 그들 만의 고유한 〈사회신경〉을 채택했다.

결론적으로 정리하면, 모든 메도디스트 신앙공동체는 그들 각자만의 〈사회신경〉을 가지고 사회 개혁에 대한 강한 관심과 공감대를 형성해 왔다. 그리고 이 같은 역사적 사실 및 연대 의식은 메도디스트 정신에서 도덕이 교리만큼이나 공식적이고 중요한 위치를 차지한다는 것을 밝히 보여 준다.

***

이 장의 서두에서 필자는 메도디스트 정신이 오늘날의 기준이나 문화규범에 맞추기에는 너무 구식적인 것들을 내포하고 있다고 밝힌 바 있다. 일례로 주님의 날을 안식과 쉼의 날로 준수하는 것이 더 나은 세상을 만들 수 있다는 주장은 어떤 이들에게는 정말로 진부하게 들릴 수 있다.

또한, 필자는 어떤 문제를 가장 심각하게 받아들여야 하는지에 대해 메도디스트인들이 그들 내부에서 의견이 분분하다고 밝혔다. 실제로 복음주의적 성향의 메도디스트인들은 술과 담배를 금하고 성적 순결을 추구하는 등 개인적 도덕성을 강조하는 보수적 측면이 강한 반면, 사회적으로 진보적인 메도디스트인들은 노예제 폐지나 여성과 아동의 권익 향상 등 집단의 사회적 도덕성을 강조하는 진보적 측면이 강하다.

그러므로 도덕적 태도나 비전이 결여된 현대 사회에서 개인과 사회가 모두 하나님의 은혜로 변화되어야 한다고 주장하는 메도디스트인들의 역사적 정신은 오늘날 서로 간의 차이나 대결을 넘어 포용과 균형을 이룰 수 있도록 포괄적인 변화를 추구해야 한다.

참조

C. S. 루이스의 인용문은 『순전한 기독교』(*Mere Christianity*), 80을 참조하라.

〈총칙〉(General Rules)의 사용 및 관련성에 대해서는 Cartwright, "The General Rules *Revisited*" (*Catalyst* 24:4 [April 1998]: 1-2)를 참조하라.

아프리카감리교감독교회(AME)의 〈사명 선언문〉은 『교리와 장정』(*The Doctrine and Discipline*), 13을 참조하라.

추가 참조

메도디스트인들의 역사적 정신에 대한 더 자세한 논의는 Jones, *United Methodist Doctrine*, 221-40을 참조하라.

*The Wesleyan Studies Project: Methodist Doctrine video series*의 여덟 번째 강좌를 맡은 레베카 마일즈(Rebekah Miles) 박사의 수업을 통해 웨슬리안 전통의 맥락에서 기독교 도덕과 윤리에 대한 가르침이 어떻게 논의되고 있는지 살펴보라.

웨슬리안 운동의 기본 도덕성은 〈총칙〉에 제시되어 있다(이 책의 부록 및 Campbell, *Wesley Reader*, 95-100 참조).

노예 제도에 대한 웨슬리의 반대는 1791년 자신이 죽기 약 6일 전에 윌리엄 윌버포스(William Wilberforce)에게 보낸 편지와 그가 쓴 것으로 알려진 마지막 편지에 묘사되어 있다(Campbell, *Wesley Reader*, 197-98 참조).

부록

사도신경, 〈종교강령〉, 〈총칙〉의 전체 텍스트

이 부록은 아프리카감리교감독교회(AME), 아프리카감리교성공회 시온교회(AME Zion), 그리스도교감리교회(CME), 연합감리교회(UMC)에서 공통적으로 보유하고 있는 세 가지 교리 표준에 대한 전체 텍스트를 제공한다. 이 교단들 사이의 표현상 약간의 차이는 대괄호 안에 표시한다.

사도신경(Apostles' Creed)

나는 전능하신 아버지 하나님, 천지의 창조주를 믿습니다.
나는 그의 유일하신 아들, 우리 주 예수 그리스도를 믿습니다.
그는 성령으로 잉태되어 동정녀 마리아에게서 나시고,
본디오 빌라도에게 고난을 받아 십자가에 못 박혀 죽으시고,
장사된 지⁺ 사흘 만에 죽은 자 가운데서 다시 살아나셨으며,
하늘에 오르시어 전능하신 아버지 하나님 우편에 앉아 계시다가,
거기로부터 살아 있는 자와 죽은 자를 심판하러 오십니다.
나는 성령을 믿으며, 거룩한 공교회와 성도의 교제와
죄를 용서받는 것과 몸의 부활과 영생을 믿습니다. 아멘.

[필자 주]: 위첨자 단검(✝)으로 표시된 부분에 대한 공인된 원문(*Forma Recepta*)에는 본래 "장사되시어 지옥에 내려가신 지"라는 문구가 포함되어 있었다. 그러나 19세기 메도디스트인들은 그리스도가 신경의 원래 의도와 무관한 심판의 장소 "지옥"에 가셨다고 생각하여 그 부분을 삭제했다. 현재 많은 메도디스트인이 타 교회와의 대화를 통해 원문을 복원하려는 노력을 하고 있다(1989년 연합감리교회(UMC)의 『찬송가』(*Hymnal*), no. 882; 제2장 참조).

⟨종교강령⟩(Twenty-Five Articles of Religion, 1784)

[필자 주]: ⟨종교강령⟩(Twenty-Five Articles of Religion)은 아프리카감리교감독교회(AME), 아프리카감리교성공회 시온교회(AME Zion), 그리스도교감리교회(CME), 연합감리교회(UMC)에서 공유하고 있다. 이 교단들이 수용한 25개 조항의 각 본문에는 약간의 차이가 있다.
이들 중 대부분은 단순히 구두점의 차이 또는 구식 언어를 현대화하려는 시도에서 비롯된 차이이며 이러한 사소한 차이는 언급하지 않았다(역자 주: 이 책의 저자는 제7조, 11조, 17조, 20조, 22조에서 동일한 의미를 지닌 다른 단어의 사용이나 부정어 "not"의 위치 차이를 타 교단의 문구라고 소개한 뒤 표기해 두었는데, 역자는 이를 생략한다). 그러나 몇 가지 경우에는 다소 중요한 차이나 누락이 있으므로 필자는 이 차이나 누락을 대괄호 안에 표시해 두었다(역자 주: 하지만 역자는 위첨자 단검(✝)으로 표시하고 옆 단에 표기함).
아래 본문은 이 네 교단의 가장 최근의 『장정』(*Disciplines*)에 실린 텍스트를 기반으로 비교한 것이다(역자 주: 기독교대한감리회의 2021년도 『교리와 장정』을 참조함).

제1조 성 삼위일체를 믿음

영생하시고 진실하신 하나님 한 분만 계시니 그는 영원무궁하시고 무형무상하시며 권능과 지혜와 인자하심이 한이 없으시고 유형무형한 만물을 한결같이 창조하시고 보존하시는 분이시다. 이 하나님의 성품의 일체 안에 동일한 본질과 권능과 영생으로 되신 삼위가 계시니 곧 성부와 성자와 성신이시다.

제2조 말씀 곧 하나님의 아들이 참사람이 되심

성자는 곧 참되시고 영원하신 하나님 아버지의 말씀이요, 성부와 동일하신 본질인데 복받은 동정녀의 태중에서 사람의 성품을 가지셨으므로 순전한 두 성품, 곧 하나님의 성품과 사람의 성품이 나뉘지 못하게 일위 안에 합했다. 그러므로 그는 참으로 하나님이시요, 참으로 사람이신 한 분 그리스도이신데 참으로 고난을 당하시고 십자가에 못 박혀 죽으시고 매장되시어 우리로 하여금 하나님 아버지와 화목하게 하시고 또한, 제물이 되시었다. 이는 사람의 원죄만 위할 뿐 아니라 범죄한 것까지 위함이시다.

제3조 그리스도의 부활

그리스도께서 과연 죽은 자 가운데서 다시 일어나시어 완전한 인성이 붙은 모든 것과 육체를 다시 가지시고 천국에 오르시며 마지막 날에 만민을 심판하시려고 재림하실 때까지 거기 앉아 계시다.

제4조 성신

성신은 성부와 성자께로부터 오신 위(位)이신데 그 본질과 위엄과 영광이 성부와 성자와 더불어 동일하시고 참되시고 영원하신 하나님이시다.

제5조 성경이 구원에 족함

성경은 구원에 필요한 모든 것을 포함했으므로 무엇이든지 성경에서 볼 수 없는 것이나 그로 증험하지 못할 것은 아무 사람에게든지 신앙의 조건으로 믿으라고 하거나 구원받기에 필요한 것으로 여기라고 못할 것이다. 성경이라는 것은 구약과 신약의 법전을 가리킴이니 그 말씀의 참됨을 교회에서 의심 없이 아는 것이다. 법전의 모든 책의 이름은 아래와 같다. 창세기, 출애굽기, 레위기, 민수기, 신명기, 여호수아, 사사기, 룻기, 사무엘상, 사무엘하, 열왕기상, 열왕기하, 역대상, 역대하, 에스라, 느헤미야, 에스더, 욥기, 시편, 잠언, 전도서, 아가, 4대선지서, 12소선지서와 보통으로 인증하는 신약의 모든 책을 우리도 법전으로 여긴다.

제6조 구약은 신약과 서로 반대되는 것이 없음

대개 신격과 인격이 겸비하여 하나님과 인류 사이에 홀로 하나인 중보가 되신 그리스도께서 영생을 허락하신 것은 신구약에 동일하게 있으므로 옛날 조상들이 잠깐 동안 허락을 바라보았다 하는 사람의 말을 들어 좇을 것이 없다. 하나님께서 모세로 말미암아 주신 바 예법과 의식에 관한 법률은 그리스도인을 속박하지 못하고 또 모세의 민법에 관한 교훈도 어느 나라에서든지 당연히 채용할 필요가 없을 것이나 어떤 그리스도인이든지 도덕이라 일컫는 계명을 순복하지 아니하지 못할 것이다.

제7조 원죄

원죄는(펠라기안들의 망령된 말같이) 아담을 따라 죄를 범하는 것이 아니요,+ 아담의 자손으로는 각 사람의 천연적 성품이 부패한 것을 가르침인데 대개 인류가 근본적 의에서 멀리 떠나 그 성품이 늘 죄악으로 치우치는 것이다.

CME의 경우, "원죄는(펠라기안들의 망령된 말같이) 아담의 타락에 있는 것이 아니요"로 표기됨.

제8조 자유의지

아담이 범죄 한 이후로 인류의 정황이 그와 같이 되어 자기의 본연의 능력과 사업으로서 마음으로 돌이키며 준비하여 신앙에 이르러 하나님을 경모하지 못한다. 그러므로 하나님께서 그리스도로 말미암아 우리에게 주시는 선한 의지를 얻게 하시는 선행(preventing) 은총*이 아니면 우리가 하나님의 기뻐하시고 받으실 만한 선한 사업을 행할 능력이 없고 선한 의지가 우리에게 있을 때에는 그 은혜가 우리와 함께한다.

> AME의 경우 "조력"(assisting) 은총으로 표기됨 (역자 주: 기독교대한감리회의 2021년 『교리와 장정』에는 단순히 "은혜"로 표기됨).

제9조 사람을 의롭게 하심

하나님 앞에서 우리가 의롭다 하심을 얻은 것은 오직 구주 예수 그리스도의 공로로 인하여 믿음으로 말미암음이요, 우리의 행한 것이나 당연히 얻을 것을 인함이 아니다. 그런즉 우리가 믿음으로만 의롭다 함을 얻는다 하는 것이 가장 유익하고 위로가 넘치는 도리이다.

제10조 선행

선행은 비록 믿음의 열매요, 또한 의롭다 하심을 따라 오는 것이로되 능히 우리의 죄를 없이하지 못하며, 또한 하나님이 심판하실 때에 위엄하심을 감당하지 못할 것이다. 그러나 선행은 그리스도 안에서 하나님이 받으실 만하고 기뻐하시는 바요, 참되고 활발한 신앙으로 좇아 나오는 것인즉 열매를 보고 그 나무를 아는 것같이 선행을 보고 그 활발한 신앙이 있는 것을 밝히는 것이다.

제11조 의무 외의 사업

하나님의 계명 밖에 자원하여 더 행하는 일을 의무 외의 사업이라 하는데 이는 오만하고 불경건한 사람만이 하는 말이니 여기 대하여는 사람들이 말하기를 자기가 하나님께 당연히 할 바를 다했을 뿐더러 하나님을 위하여 의무가 요구하는 것보다 더 했다 하나 그리스도께서 여기에 대하여 밝히 말씀하시기를 너희에게 명한 것을 다 행하되 말할 때에 무익한 종이라 하라 하시었다.

제12조 의롭다하심을 얻은 후의 범죄

의롭다 하심을 얻은 후에 고의로 범하는 죄마다 성신을 거역하여 사유하심을 얻지 못할 죄는 아니다. 그러므로 의롭다 함을 얻은 후에 죄에 빠지는 사람에게 회개함을 허락하시는 은혜를 얻지 못한다 할 것이 아니요, 우리가 성신을 받은 후라도 얻은 바 은혜를 배반하고 죄에 빠졌다가 하나님의 은혜로 다시 일어나 우리의 생활을 개정할 수도 있다. 그러므로 세상에 거할 동안에 그들이 죄를 더 범하지 못한다 하는 자들이나 죄를 범한 뒤에 참으로 회개할지라도 사유하심을 얻지 못한다 하는 자들은 정죄하심을 당할 것이다.

제13조 교회

유형한 그리스도 교회는 참 믿는 이들의 모인 공회니 그 가운데서 순전한 하나님의 말씀을 전파하며 또 그리스도의 명령하신 것을 따라 성례를 정당히 행한다. 이 모든 필요한 일이 교회를 요구하는 것이다.

제14조 연옥

연옥과 사죄와 우상과 유물에 경배하고 존중함과 성인의 이름으로 기도함에 관한 로마교의 도리는 허망하고 위조한 것이다. 성경에 빙거할 수 없을 뿐더러 하나님의 말씀에 반항하는 것이다.

제15조 회중에서 해득할 방언을 쓸 것

예배당에서 공중 기도할 때에나 혹 성례를 행할 때에 교우가 알아들을 수 없는 방언을 쓰는 것은 하나님의 말씀과 초대 교회의 규례를 분명히 위반하는 것이다.

제16조 성례

그리스도의 설립하신 성례는 그리스도인의 공인하는 표적과 증거가 될 뿐더러 더욱 은혜와 하나님께서 우리에게 향하시는 선한 의지의 확실한 표니 이로 인하여 하나님께서 우리 안에 묵묵히 역사하시어 우리의 신앙이 활동하게 하실 뿐만 아니라 더욱 굳게 하는 것이다.

복음에 우리 주 그리스도의 설립하신 성례가 둘이 있으니 곧 세례와 주의 만찬이다. 견신례와 참회와 신품과 혼인과 도유식들 다섯 가지를 성례라 하나 이는 복음적 성례로 여기지 못할 것이다. 그 가운데 어떤 부분은 사도의 도를 오해하므로 된 것이요, 어떤 부분은 성경에 허락하신 생활의 정형으로 된 것이다. 그러하나 하나님께서 명하신 드러나는 표적과 의식이 없으므로 세례와 주의 만찬과 같은 성질이 없는 것이다.

그리스도의 설립하신 성례는 우리로 하여금 응시나 하든가 휴대하고 다니라는 것이 아니요, 우리로 하여금 적당히 사용하게 하심이다. 그러므로 성례를 합당하게 받는 이에게만 유익한 결과와 효력이 있고 합당치 아니하게 받는 이는 사도 바울이 말씀한 바와 같이 자기에게 정죄함을 받는 것이다[고전 11:29]⁺.

| AME와 UMC의 〈종교강령〉에는 "고전 11:29"이 누락됨.

제17조 세례

세례는 공인하는 표와 [그리스도인을 세례받지 아니한 사람과 분별하게 하는 표적이 될 뿐더러]⁺ 중생 곧 신생의 표가 되는 것이요, 또 어린이에게 세례를 행하는 것도 교회에 보존할 것이다.

| AME의 〈종교강령〉에는 "그리스도인을 세례받지 아니한 사람과 분별하게 하는 표적이 될 뿐더러"가 누락됨.

제18조 주의 만찬

주의 만찬은 그리스도인들 가운데 당연히 있을 사랑을 표한 것일 뿐만 아니라 그리스도의 죽으심으로 우리를 구속하신 성례이다.

그러므로 옳고 합당하고 믿음으로 받는 이들에게는 떼인 떡을 먹는 것이 곧 그리스도의 몸을 먹는 것이요, 또한 이와 같이 그 복된 잔을 마시는 것도 그리스도의 피를 마시는 것이다. 변체, 곧 주의 만찬의 떡과 포도즙의 물체가 변화한다 함은 성경으로 증거할 수 없을 뿐 아니라 도리어 성경의 명백한 말씀을 거스르며 성례의 본뜻을 그르침이요, 또 이로 인하여 미신이 많이 생긴다.

만찬 때에 그리스도의 몸을 주고받아 먹는 것은 천국적, 신령적 방법으로만 할 것이요, 또 그리스도의 몸을 받아 먹는 방법은 오직 신앙이다. 만찬의 성례를 유치함과 휴대하고 다님과 거양함과 경배함은 그리스도의 명하신 것이 아니다.

제19조 떡과 포도즙

평신도에게 주의 잔 마심을 거절하지 못할 것이다. 대개 그리스도의 규례와 명령대로 주의 만찬에 두 가지를 일반 그리스도교인에 같이 행하는 것이 당연하다.

제20조 그리스도께서 십자가에 한 번 제물이 되심

그리스도께서 한 번 제물로 드리신 것이 온 세계의 모든 죄, 곧 원죄와 범죄를 위하여 완전한 구속과 화목과 보상이 되었은즉 그 밖에 다른 속죄법이 없다. 이러므로「미사」제를 드리며 또 거기에 대하여 보통으로 말하기를 신부가 그리스도를 제물로 드리어 산 이와 죽은 이의 고통과 범죄를 면하게 한다 함은 참람된 광언이요, 위태한 궤계이다.

제21조 목사의 혼인

하나님의 법률에 그리스도교의 목사들은 독신생활하기를 맹세하라든가 혼인을 금하라든가 하신 명령이 없다. 그러므로 목사들도 모든 그리스도인과 같이 자기의 뜻에 경건하다고 생각하면 혼인하는 것이 마땅하다*.

제22조 교회의 예법과 의식

예법과 의식을 각 곳에서 꼭 동일하게 할 필요는 없다. 대개 예법과 의식은 예로부터 같지 아니했고 또 나라와 각 시대와 각 민족의 풍속을 따라 변할 수 있으나 다만 하나님의 말씀과 틀리게 하지 못할 것이다. 어떠한 사람이든지 자기가 소속한 교회에서 만들어 보통 실행하기로 인정했고 또 하나님의 말씀과 틀림이 없는 예법과 의식을 사사 주견으로 짐짓 드러나게 파괴하는 이를 책벌하되 교회의 통용하는 법을 반항하는 것과 연약한 형제의 양심을 상하게 한 이도 처벌할 것이다. 이는 다른 사람으로 하여금 두려워하여 그와 같이 하지 못하게 함이다. 교회마다 예법과 의식을 만들기도 하며 고치기도 하고 혹은 폐지하기도 하여 모든 일이 교훈이 되게 할 것이다.

제23조 북미 합중국 통치자

대통령과 국회와 각 주 주립 의회와 각 주 지사와 내각은 국민의 대표로 [연방 헌법과]* 각 주 헌법에 의하여 북미 합중국의 통치자들이다. 이 합중국은 주권적 독립국이므로 어떤 외국 치리하에 붙지 아니할 것이다.

CME의 〈종교강령〉에는 "연방 헌법과"가 누락됨.
AME Zion은 미국에 거주하지 않는 사람과 관련된 별도의 섹션을 제23조에 추가함.

제24조 그리스도인의 재산

그리스도인의 보물과 재산을 가질 권리와 가질 일에 대하여는 어떤 사람이 허망하게 자랑함과 같이 공통하게 통용할 것이 아니다. 그러나 각 사람은 마땅히 자기의 소유를 가지고 힘대로 가난한 이들에게 너그럽게 구제할 것이다.

제25조 그리스도인의 맹세

우리 주 예수 그리스도와 및 그 사도 야고보가 그리스도인이 헛되고 경홀히 맹세하는 것을 금지하신 것을 우리가 공인하거니와 어떤 사람이 관장에게 요구함을 당할 때에 믿음과 사랑으로 인하여 맹세하는 것은 그리스도교 교리에 금지함이 없는 줄로 생각한다. 다만, 선지자의 교훈대로 공의와 주견과 참됨으로 할 것이다.

〈총칙〉(General Rules, 1743)

연합신도회의 성격, 형태 그리고 규칙

<small>CME의 『장정』에는 서문이 누락됨.</small>

1739년 말경에 8-10명이 런던에서 웨슬리 씨에게 찾아왔다. 그들은 자기가 지은 죄에 대해 깊이 깨닫고 진심으로 고통스러워하며 속죄를 원하는 자들이었다. 그들은 웨슬리 씨가 2-3일 동안 자기들과 함께 있으면서 자신들에게 닥쳐올 하나님의 진노를 피할 방법을 조언해 주면서 기도해 주기를 원했다. 그들은 다가올 진노가 매우 가까이 자신들에게 다가와 있고 계속적으로 위협하고 있다고 느꼈기 때문이다. 다음 날에도 이런 모습은 계속 이어져 두세 명이 웨슬리 씨를 찾아왔다.

웨슬리 씨는 이것이 중요한 일이었고 더 많은 시간이 필요하다는 것을 알았다. 그래서 그들 모두 모일 수 있는 날을 정해서 같이 모였다. 그리고 목요일 저녁에 같이 만났다. 모임에 오는 사람들은 계속 늘어났다. 그들에게 가장 필요한 것은 웨슬리 씨가 수시로 조언을 해 주는 것이었다. 모임의 마지막은 그들의 필요에 맞게 몇 가지 제목의 기도로 끝냈다.

이렇게 **연합신도회**(United Society)가 런던에서 처음 시작되었고 다른 곳으로 퍼져 나갔다. 이 모임은 사랑 안에서 서로 보살피기 위한 모임으로, 오직 함께 기도하고 훈계를 받으며 구원을 이루기 위한 목적으로 결성된 경건한 모임이다.

그들은 자신의 구원이 실질적으로 잘 이루어지고 있는지를 신도회를 통해 쉽게 분별할 수 있도록 했다. 하나의 신도회는 각자의 거주 지역에 따라 **속회**(class)라는 더 작은 모임으로 나뉘었다. 한 속회는 약 열두 명으로 구성되었고 그중 한 사람을 리더(*leader*)로 세웠다. 리더의 역할은 다음과 같았다.

1. 한 주에 한 번 이상 속회에서 만나서 (1) 그들의 영혼이 얼마나 잘 성숙되어 가고 있는지를 살폈다. (2) 각자의 상황에 맞게 조언과 책망, 위로, 당부(훈계) 등을 했다. (3) 구성원들로부터 가난한 자들을 위한 구제헌금을 받았다.
2. 일주일에 한 번씩 신도회의 목회자(*minister*)와 유사(*steward*)를 만나서 (1) 아픈 사람과 질서를 지키지 않는 사람, 충고를 받아들이지 않는 사람들에 대한 정보를 교환했다. (2) 모임 중에서 각 사람이 기부한 내역을 재정집사에게 보여 주고 기부금을 전달했다.

신도회에 가입하기를 원하는 사람들에게 요구되는 오직 한 가지 조건은, 다가올 하나님의 진노에서 벗어나서 죄에서 구원받고자 하는 열망이었다. 이렇게 영적 일에 초점이 맞춰진 모임은 늘 열매가 나타나야 했다. 그런 까닭에 모든 구성원은 그들이 구원받은 증거를 다음과 같이 계속 보여 주어야 했다.

첫째, 남을 해롭게 하지 말며 흔히 하기 쉬운 각양 악한 것을 피할 것이다. 그 예를 들면, 다음과 같다.

- 하나님의 이름을 망령되게 쓰는 것
- 늘 하는 사업이나 매매하는 일로 주일을 범하는 것
- 필요한 일(신병 같은 것) 밖에 술을 마시는 것이나 취하는 것
- 노예를 갖고 있거나 인신매매 하는 일,
- 싸움과 시비와 떠들음과 형제간에 송사하는 것

- 악을 악으로 갚는 것이나, 욕을 욕으로 대하는 것
- 매매할 때 여러 말 하는 것
- 세를 바치지 아니한 물품을 매매하는 것
- 법 밖의 중변으로 돈을 꾸고 받는 것
- 사랑하지 아니하거나 무익한 말을 하는 가운데 특별히 관리와 목사를 비방하는 것
- 내가 받기 싫어하는 것을 남에게 행하는 것
- 하나님께 영광되지 않는 것을 행하는 것이니 곧 금으로 만든 패물과 사치한 옷을 입는 것
- 주 예수의 이름으로 하지 못할 오락을 취하는 것
- 하나님을 알기와 사랑하기에 합당하지 못한 노래를 부르거나 서적을 읽는 것
- 자기만 생각하는 것과 방종한 생활을 하는 것과 땅 위에 재물을 쌓아 두는 것
- 갚을 수 없을 듯한 돈을 꾸는 것과 혹 갚을 수 없을 듯한 물건을 외상으로 사는 것

둘째, 선을 행하며 능력을 따라 각양 자비함을 베풀며 기회 있는 대로 모든 사람에게 할 수 있는 각양 선을 행할 것이다. 그 예를 들면, 다음과 같다.

- 사람의 육신을 위하여는 하나님께서 주신 능력대로 주린 이에게 먹을 것을 주며 벗은 이에게 옷을 주며 병든 이와 옥에 갇힌 이를 찾고 도와줄 것
- 사람의 영혼을 위하여서는 모든 상종하는 사람을 가르치며 경계하고 부지런히 「우리의 마음이 자유롭게 되기 전에는

선을 행할 것이 없다」는 광패한 이론을 배격할 것
- 특별히 교회의 신자에게와 또한, 신자되기를 간절히 사모하는 이에게 선을 행할 것
- 또 다른 사람보다 먼저 그들을 고용하고 서로 사고 팔며 서로 생계를 도와줄 것이니 세상도 동료를 사랑하거든 우리는 더 사랑하여야 할 것
- 할 수 있는 대로 부지런하며 절용하여 복음이 비방을 받지 아니하게 할 것
- 참음으로써 앞에 있는 달음박질 마당에 달리며 자기를 이기고 날마다 십자가를 지고 그리스도의 곤욕을 담당하고 세상의 더러운 것과 같이 여김을 달게 받고 주로 인하여 모든 거짓말로 비방받을 줄 알 것
- 아울러 신도회에 계속 머물러 있는 회원들은 지속적으로 구원에 대한 열망을 보여 주어야 할 것

셋째, 하나님의 모든 예법을 삼가 지킬 것이다.
그 예를 들면, 다음과 같다.

- 하나님께 공중 예배하는 것
- 성경 말씀을 읽거나 해석하는 것
- 주의 만찬과 가족 기도와 개인 기도와 성경 공부
- 금식과 절식

위에 기재한 것은 우리 신도회의 총칙이다. 하나님이 가르쳐 주신 이 총칙은 우리의 신앙과 실천의 유일하고 충분한 잣대인 성서에 근거한다. 이 모든 것은 성령께서 깨어 있는 진실된 마

음에 기록해 주신 것이다. 만약 말씀 중에 어떤 것이라도 습관적으로 범하는 사람이 있는 것을 우리가 목격한다면, 그 영혼을 돌볼 책임이 있는 자에게 알게 하여야 한다. 우리는 그가 잘못된 길에 있다는 것을 훈계하고 그에게 돌아올 기회를 주면서 참고 기다릴 것이다. 그러나 여전히 그가 회개하지 않는다면, 그는 더 이상 신도회에 머물 수 없다. 이것은 우리의 영혼을 구원하기 위해 책임을 다하는 것이다.

참고 문헌

Abraham, William J. *Waking from Doctrinal Amnesia: The Healing of Doctrine in The United Methodist Church*. Nashville: Abingdon Press, 1995.

AME Zion Church. *The Book of Discipline of the AME Zion Church 1994*. Charlotte: The AME Zion Publishing House, 1994.

AMEC Sunday School Union. *The Doctrines and Discipline of the African Methodist Episcopal Church 1976*. Nashville: AMEC Sunday School Union, 1976.

―――. *The Doctrines and Discipline of the African Methodist Episcopal Church 1992*. Nashville: AMEC Sunday School Union, 1992.

Bettenson, Henry, ed. *Documents of the Christian Church*. 2nd ed. Oxford: Oxford University Press, 1963.

Burgess, Joseph A., and Jeffrey Gros, eds., *Growing Consensus: Church Dialogues in the United States, 1962-1991*. Ecumenical Documents V. New York: Paulist Press, 1995.

Campbell, Ted A. *Christian Confessions*. Louisville: Westminster John Knox, 1996.

―――. *A Wesley Reader*. Dallas: Tuckapaw Media, 2008.

―――. *Wesleyan Beliefs*. Nashville: Kingswood Books, 2010.

Cartwright, Michael G. "The General Rules Revisited." *Catalyst* 24:4 (April 1998): 1–2.

Chiles, Robert E. *Theological Transition in American Methodism, 1790-1935*. New York and Nashville: Abingdon Press, 1965.

CME Church Publishing House. *The Book of Discipline of the Christian Methodist Episcopal Church 1994*. Memphis: CME Church Publishing House, 1994.

Collins, Kenneth J. *The Scripture Way of Salvation: The Heart of John Wesley's Theology*. Nashville: Abingdon Press, 1997.

Cushman, Robert E. *John Wesley's Experimental Divinity: Studies in Methodist Doctrinal Standards*. Nashville: Kingswood Books, 1989.

Gunter, Steven, Scott J. Jones, Ted A. Campbell, Rebekah Miles, and Randy Maddox. *Wesley and the Quadrilateral: Renewing the Conversation*. Nashville: Abingdon Press, 1997.

Harmon, Nolan B. "The Creeds in American Methodism." *Encyclopedia of World Methodism*. Nashville: The United Methodist Publishing House, 1974.

Heitzenrater, Richard P. "'At Full Liberty': Doctrinal Standards in Early American Methodism." *Mirror and Memory: Reflections on Early Methodism*. Nashville: Kingswood Books, 1989.

Jones, Scott J. *United Methodist Doctrine*. Nashville: Abingdon Press, 2002.

Leith, John H. *Creeds of the Churches*. Louisville: Westminster John Knox, 1982.

Lewis, C. S. *Mere Christianity*. New York: Macmillan, 1960.

Maddox, Randy L. *Responsible Grace: John Wesley's Practical Theology*. Nashville: Kingswood Books, 1994.

Methodist Episcopal Church. *The Doctrines and Disciplines of the Methodist Episcopal Church in America, with Explanatory Notes*. Philadelphia: Henry Tuckniss, 1798.

Oden, Thomas. *Doctrinal Standards in the Wesleyan Tradition*. Grand Rapids: Francis Asbury, 1988.

Outler, Albert C. *Theology in the Wesleyan Spirit*. Nashville: Discipleship Resources, 1975.

Runyon, Theodore M. *The New Creation: John Wesley's Theology Today*. Nashville: Abingdon Press, 1998.

Tappert, Theodore G., trans. and ed. *The Book of Concord: The Confessions of the Evangelical Lutheran Church*. Philadelphia: Fortress, 1959.

Telford, John, ed. *Letters of the Reverend John Wesley, A.M.* "Standard Edition" of the Works of John Wesley. 8 vols. London: Epworth Press, 1931.

United Methodist Publishing House. The United Methodist Book of Discipline 2008. Nashville: The United Methodist Publishing House, 2008.

Wesley Ministry Network. *The Wesleyan Studies Project*. Series 2: Methodist Doctrine. DVD. Washington, D.C.: Wesley Ministry Network, n.d.

Williams, Colin W. *John Wesley's Theology Today*. Nashville: Abingdon Press, 1960.

World Council of Churches. *Baptism, Eucharist and Ministry*. Geneva: World Council of Churches, 1982.

용어집

다음 목록은 용어집 및 자주 사용되는 약어표 역할을 한다. 이 책에 있는 모든 용어가 정의된 것은 아니며 일반적으로 이해하기 어렵다고 판단되는 경우에만 제공한다.

각성

개인이 자신의 죄악과 은혜의 필요성을 강렬하게 자각하게 된 초기 메도디스트 영성의 전형적인 경험, 회개 및 선행 은총과 관련이 있다.

감독

메도디스트 전통의 역사적 가르침에서 감독은 교회를 감독하기 위해 성임된 장로(elder)를 일컫는다. 아프리카감리교감독교회(AME), 아프리카감리교성공회 시온교회(AME Zion), 그리스도교감리교회(CME), 연합감리교회(UMC)는 모두 감독을 교회 생활의 중심적이고 감독하는 역할로 사용하고 있다.

감독직/감독의

감독(그리스어 *episkopos*)의 직분을 언급함.
감독이 중심 역할을 하는 교회 정치 또는 조직의 한 형태.

감리장로(AME, AME Zion, CME의 명칭) 또는 지방감리사(UMC의 명칭)

교구(연회의 하위 분과)를 관장하는 장로로서 이 자격으로 교회의 생활을 조정하는 데 있어 감독을 돕는다.

감리회개신교회(MP)

감독직에 대한 문제로 인해 메도디스트교회(ME)에서 파생된 교단이다. 1939년에 감리교회(MC)의 일원이 되었다.

개인적 도덕성

개인적 도덕성에 대한 메도디스트 전통의 가르침은 정직, 죄를 짓는 모든 기회를 피하는 것을 포함한 엄격한 규율, 하나님과 이웃에 대한 사랑에서 자라나는 적극적 봉사를 강조한다.

개혁주의 전통

츠빙글리와 칼빈과 연관되고 장로교와 회중교회로 대표되는 광범위한 기독교 전통. 연합감리교회(UMC)는 필립 윌리엄 오터바인(Phillip William Otterbein)과 그리스도연합형제교회(UB)를 통해 개혁주의 전통에 뿌리를 두고 있다.

갱신

'재헌신'에 관한 설명을 참조하라.

거룩함(성결)

신성을 닮아 "따로 구별"되거나 성별될 수 있는 성질이다. 그리고 성화는 거룩함(성결) 안에서 성장하는 과정이다.

경전

'성경'에 관한 설명을 참조하라.

경험

메도디스트인들은 사람들의 종교적 경험에 관심을 가져왔다. 소위 웨슬리 사변형은 경험을 성경을 해석하는 방법으로 인정한다.

교리

가르칠 내용에 대한 합의. 교리는 일반적으로 신학(종교적 믿음[신앙]에 대한 비판적 성찰) 및 대중 종교(공동체의 합의와 관계없이 사람들이 믿는 것)와 구별될 수 있다.

교리적 표준(필수 교리)

존 웨슬리에 따르면 그리스도인들은 비록 의견과 예배 방식이 크게 다를 수 있지만 교리적 표준(필수 교리)에는 동의해야 한다.

교회

메도디스트인들은 보편 교회에 대한 개혁주의 전통의 표준 정의에 따른다. 이 정의에 따르면 교회는 믿음, 설교, 성례전으로 특징지어진다. 메도디스트인들은 또한 규율과 책임의 필요성을 강조한다. 네 가지 교회의 속성도 참고할 것.

교회의 거룩함(성결)

교회의 네 가지 속성 중 하나. 하나님이 의도하신 신성에 대한 교회의 음표 중 하나이며, 하나님이 의도하신 신성을 닮은 교회의 모습이다.

교회의 속성

니케아 신경에 의해 진술되고 연합감리교회(UMC)의 〈신앙고백〉에 의해 확증된 참된 교회의 네 가지 속성은 일치, 거룩함, 보편성 및 사도성이다.

교회의 일치

교회의 네 가지 속성 중 하나. 메도디스트인들은 니케아 신경과 연합감리교회(UMC)의 〈신앙고백〉에서 교회는 하나님이 의도하신 대로 하나라고 단언한다. 그리고 이는 그들의 에큐메니컬 운동을 뒷받침한다.

『교회일치를 위한 협의회의 합의』(COCU Consensus)

COCU는 '교회연합에 관한 협의'(Consultation on Church Union)를 말하며 이후 '그리스도 안에서 연합하는 교회'(Churches Uniting in Christ, 이하 CUIC)라고 지칭되었다. COCU는 또한 그리스도연합교회(Church of Christ Uniting)를 지칭하는 약어이기도 하다.

아프리카감리교감독교회(AME), 아프리카감리교성공회 시온교회(AME Zion), 그리스도교감리교회(CME), 연합감리교회(UMC)는 COCU 합의를 승인하고 그렇게 함으로써 그들이 제안한 연합에 대한 교리적 및 실제적 근거를 제시하는 문서인 『교회일치를 위한 협의회의 합의』(COCU Consensus)를 긍정한다.

교회의 포용성

'보편적, 보편성'에 관한 설명을 참조하라.

구세군

1800년대 중반 영국의 감리교뉴커넥션(New Connexion)에서 탈퇴한 조직으로, 사회 봉사 활동에 대한 웨슬리의 증언을 계속해서 이어 가고 있다.

구원의 길

인간의 영혼에 은혜가 처음으로 일어난 때(선행 은총)부터 칭의와 성화를 지나 완전 성화 안에서 하나님의 구원이 완성되기까지 전 과정. 구원의 길은 메도디스트 전통의 역사적 교리 진술(웨슬리의 설교 포함) 및 찬송가 구조에 잘 표현되었다.

그리스도

그리스도의 신성과 인성에 대한 가르침을 포함하여 메도디스트인들이 그리스도에 대해 가르치는 것은 일반적으로 다른 기독교 교회의 가르침과 일치한다.

그리스도교감리교회(CME)

남감리교회(MES)에서 파생된 교단, 원래의 명칭은 유색인감리교회(Colored Methodist Episcopal Church)였다(1870).

그리스도연합형제교회(UB)

독일 개혁파와 다른 독일어 회중에서 1700년대 후반부터 파생된 교단이다. 1800년대 초반에 교단으로 조직되었고, 처음에는 볼티모어에서 필립 윌리엄 오터바인(Phillip William Otterbein)이 이끌었다. 1946년에 복음주의연합형제교회(EUB)의 일부가 되었다.

그리스도의 신적 본성

그리스도의 신성과 인성은 서기 451년 칼케돈 공의회에서 처음 언급된 합의에 따라 메도디스트 교리에서 확증된다.

그리스도의 인간적 본성

메도디스트 교리는 역사적 기독교의 가르침을 통해 그리스도가 완전한 신성뿐만 아니라 완전한 인간의 본성을 지녔음을 확증한다.

그리스도의 재림

메도디스트 교리는 그리스도께서 온 인류를 심판하기 위해 다시 오실 것임을 성경 및 기독교 역사의 여러 신경과 함께 인정한다. 하지만 그리스도의 재림이 언제, 그리고 어떻게 일어날지에 대해선 추측하지 않는다.

그리스도인의 완전

'완전 성화'에 관한 설명을 참조하라.

금식

금식(또는 절제)은 〈총칙〉(General Rules)이 메도디스트인에게 책임을 묻는 영적 훈련이다.

금욕

메도디스트 전통 안에서 이 용어는 특히 1890년경 메도디스트교회들의 표준이 된 알코올을 완전히 절제하는 것("완전한 금주")을 가리키는 데 사용된다.

금지

메도디스트인들은 절제나 금주에 대한 사회적 관심의 일환으로 알코올 음료를 금지하려는 노력을 지지했다.

기념설

스위스 종교개혁가 울리히 츠빙글리(Ulrich Zwingli)와 관련된 주의 만찬에 관한 가르침이다. 이 가르침은 "츠빙글리안주의"로도 불린다. '육체적 임재', '실재적 임재', '성변화'(聖變化), '효험주의'를 참조하라.

기도

메도디스트 정신의 역사는 기독교 회중 내에서의 기도뿐만 아니라 개인 및 가족 기도(총칙이 이를 강조함)의 필요성을 강조한다.

남감리교회(MES)

메도디스트교회(ME)에서 노예 문제로 인해 파생된 교단이다(1845). 1939년에 감리교회(MC)의 일원이 되었다.

노예 제도/노예 소유

메도디스트 정신의 사회적 도덕성에는 노예 제도에 대한 반대가 포함되어 있으며, 1808년 메도디스트교회(ME)의 『장정』(Disciplines)은 노예 소유를 메도디스트인들이 피해야 할 악으로 지정했다. 남감리교회(MES)와 메도디스트교회(ME)의 분열은 노예 소유 문제로 인해 발생했다. '노예제 폐지'에 관한 설명도 참조하라.

노예제 폐지

메도디스트교회(ME)의 〈총칙〉(General Rules)은 메도디스트인들이 노예를 소유하고 노예 무역에 참여하는 것을 금지했다. 존 웨슬리와 이후의 여러 메도디스트 단체는 노예 제도 폐지를 공식적으로 지원했다.

니케아 신경

모든 기독교 신조 중에서 가장 보편적으로 확인된 신조로 니케아 공의회(AD 325)에서 처음 채택되어 300년대 후반에 개정된 신앙 선언문이다. 메도디스트인들은 20세기 중반부터 그들의 찬송가와 예배 순서에 니케아 신경을 포함시켰다.

도덕법

메도디스트 전통의 영적 가르침은 (개혁주의 전통과 함께) 히브리어 성경(구약)의 '의식'(ceremonial)법이 그리스도인에게 구속력이 없지만 십계명에 요약된 히브리어 성경의 도덕적 가르침인 도덕법은 그리스도인에게 구속력이 있다고 주장한다.

도박

메도디스트인들은 역사적으로 모든 형태의 도박을 반대했는데, 그 이유는 도박의 본질이 세속적 오락이고 돈이나 자원을 무책임하게 사용하기 때문이다. '청지기직'에 관한 설명도 참조하라.

독일 개혁파

독일 주에 있는 개혁주의 전통의 교회들. 하이델베르그 요리문답을 교리적 표준으로 사용한다. 필립 윌리엄 오터바인(Phillip William Otterbein)은 독일 개혁파 목사였으며 그리스도연합형제교회(UB) 전통은 독일 개혁주의 기독교에 뿌리를 두고 있다.

돈

'청지기직'에 관한 설명을 참조하라.

『리마 문서』(세례, 성찬, 사역)

세계교회협의회(WCC)의 '신앙과직제위원회'(1982)에서 개발하고 연합감리교회(UMC)에서 받은 에큐메니컬 문서.

리처드 앨런(1760-1831)

아프리카감리교감독교회(AME)의 창시자.

메도디스트교회(ME)

1939년에 메도디스트교회(ME), 남감리교회(MES), 감리회개신교회(MP)의 연합으로 형성된 교단이다. 1968년에 연합감리교회(UMC)의 일원이 되었다.

믿음

메도디스트 교리에 따르면 믿음에는 단순히 동의(특정 사항이 참되다고 믿는 것) 이상의 것이 포함되며, 마음에서 우러나오는 신뢰도 포함되어야 한다.

범감리교, 범감리교회협동위원회(Commission on Pan-Methodist Cooperation and Union)

가장 넓은 의미에서 '범감리교'는 모든 메도디스트인을 가리킨다. 하지만 이 책에서 필자는 그것을 범감리교회협동위원회에 참여하는 네 개 교단(AME, AME Zion, CME 및 UMC)을 언급하는 것으로, 즉 좀 더 제한된 의미로 받아들였다.

보편 정신

존 웨슬리의 교리적 범위에 대한 믿음, 즉 기독교인들은 필수 교리(교리적 표준)의 간략한 목록에만 동의하면 되지만 의견과 예배 방식의 차이를 허용해야 한다는 것이다.

보편적, 보편성

인류의 풍성함 또는 보편성과 기독교 가르침의 풍성함을 수용한다. 교회의 네 가지 속성 중 하나다.

복음주의연합(EA)

제이콥 올브라이트(Jacob Albright), 마틴 보엠(Martin Boehm) 및 다른 사람들이 메도디스트교회(ME)를 이끌던 초기에 그들과 느슨하게 연결되어 있었던 독일 어권의 사람들로부터 복음주의연합(EA)이 파생되었으며 1946년에는 복음주의 연합형제교회(EUB)의 일부가 되었다.

복음주의연합형제교회(EUB)

복음주의연합(EA)과 그리스도연합형제교회(UB)의 연합에서 파생된 교단 (1946). 1968년 연합감리교회(UMC)의 일원이 되었다.

봉사 활동

메도디스트인들의 사회적 도덕성은 궁핍한 사람들을 위한 봉사 활동에 적극적이고 개인적인 참여를 항상 강조해 왔다.

사도 계승

참된 교회의 표징은 사도들에 의해 설립된 교회에서(또는 적어도 그 교회에서 온) 감독의 계승이 끊이지 않고 유지되는 것이라고 주장한 믿음. 이 믿음은 메도디스트인들에 의해 거부되었다.

사도신경

고대 서방(라틴)의 세례 신조에 기초한 신조인 사도신경의 현재 형태는 중세 (서기 약 700년대)의 것으로 추정된다. 메도디스트교회들에게 가장 널리 사용되는 신조다. 부록에 주어진 텍스트 참조.

사도적, 사도성

사도들에 의해 설립된 교회에 대한 신실함과 연속성. 교회의 네 가지 속성 중 하나다.

사역

가장 넓은 의미에서, 신성한 은사에 기초한 모든 그리스도인의 일 또는 봉사. 좁은 의미에서 성임받은 사람들의 일이나 봉사.

사유재산(소유)

'청지기직'에 관한 설명을 참조하라.

사제

오래된 기독교 전통(정교회, 로마가톨릭, 성공회)에서 세례와 주의 만찬을 거행하는 성임된 사역의 두 번째 직분. 존 웨슬리는 잉글랜드국교회의 사제였고, 메도디스트의 장로(그리스어 *presbyteros*를 문자 그대로 번역한 것)직은 오래된 기독교 전통의 사제직에 해당한다. 다시 말해, 메도디스트 전통에서 말하는 장로는 오래된 기독교 전통에서 말하는 사제의 직분에 해당한다.

사회적 도덕성

메도디스트인들의 사회적 도덕성에는 사회적 폐단을 완화시키기 위해 고안된 사회 개혁 및 정치적 행동에 대한 적극적 참여가 포함되어 있으며, 이는 세상을 거룩하게 하는 사회적 성화(성결)의 한 측면으로 여겨졌다.

삼위일체

니케아 공의회(AD 325)에서 단언하고 니케아 신경에서 한 분 하나님이 동등하고 영원한 세 위격(성부, 성자, 성령)으로 존재한다고 명시한 신론으로, 그리스도는 성부에 종속된 피조물이라는 아리우스파의 가르침을 거부한다. 이 교리는 메도디스트 교리와 예배의 역사에서 확인된다.

선행 은총

그리스도를 믿는 우리의 믿음 보다 "앞서 오는"(라틴어 *preveniens*) 하나님의 은혜. 메도디스트 전통의 가르침은 선행 은총이 모든 인간에게 보편적으로 주어지며 인간 자유의지의 근거라고 주장한다.

설교

메도디스트 운동은 존 웨슬리와 다른 사람들의 순회 설교를 통해 부흥했다. 메도디스트인들은 신자들이 "말씀의 사역"에 노출되어야 하며, 평신도 또는 "지역" 설교자를 고용해야 한다고 주장한다.

성경

메도디스트인들은 성경의 수위성, 충분성, 단일성을 확인하고 경건한 성경 공부를 은혜의 수단으로 간주한다.

성경의 수위성

성경이 교회 생활에서 일차적 권위를 갖는다는 메도디스트 교리의 가르침.

성경의 충분성

잉글랜드국교회로부터 물려받은 메도디스트인들의 가르침 중 하나는 성경이 구원을 위해 알아야 할 모든 것을 담고 있다는 것이다.

성경의 통일성

성경에 대한 메도디스트 전통의 가르침에 따르면, 그리스도 안에 있는 인간 구원의 중심 메시지에 초점을 맞춘 정경의 저변에는 통일성이 있다.

성공회

잉글랜드국교회를 지칭한다.

성령

메도디스트인들이 성령에 대해 공식적으로 가르치는 것은 다른 교회의 가르침과 일치한다. 메도디스트인들의 영성은 신자들을 인도하는 성령의 역할을 강조해 왔다. '하나님'과 '삼위일체'에 관한 설명을 참조하라.

성례전

외적 형태를 가지고 하나님의 은혜를 전하는 행위로, 그리스도에 의해 제정되었다. 메도디스트 교리에 따르면 성례전은 두 가지 곧 세례와 주의 만찬이다. 그리고 성례전은 "은혜의 수단"이라는 더 넓은 범주와 관련된 것으로 이해해야 한다.

성변화(聖變化)

떡과 포도즙이 그리스도의 몸과 피로 대체된다는 로마가톨릭의 가르침으로, 이는 종교강령과 연합감리교회(UMC) 〈신앙고백〉에서 거부되었다. 성변화는 육체적 임재와 다르기 때문에 혼동해선 안 된다. '실재적 임재', '효험주의', '기념설'을 추가 참조하라.

성임된 사역

감독으로 성별된 사람들을 포함하여 집사 또는 장로로 안수 받은 사람들의 사역 또는 봉사.

성적 순결

메도디스트 정신의 한 측면인 개인적 도덕성은 역사적으로 모든 성적 유혹(예: 춤)을 피하는 것을 포함하여 성적 순결을 주장했다.

성찬

'주의 만찬'에 관한 설명을 참조하라.

성화/성화 은총

성화는 거룩함(성결) 안에서 성장하는 과정이다(라틴어 *sanctus*, '거룩한' 또는 '성인의'). 성화 은총은 성화를 일으키는 하나님의 은혜 또는 능력이다.

세계교회협의회(WCC)

범감리교회가 모두 참여하는 에큐메니컬 조직. 세계교회협의회(WCC)의 신앙과직제위원회는 『리마 문서』(BEM)를 포함하여 다수의 합의 문서를 내놓았다.

세례

메도디스트 교리에서 두 성례전 중 하나로 인정되는 기독교 입문성사.

세례 방식

메도디스트 전통은 역사적으로 세 가지 방식의 세례를 허용한다. 머리에 물을 뿌리는 살수례(撒水禮, sprinkling), 머리에 물을 부어 흘러내리도록 하는 관수례(灌水禮, pouring), 몸 전체가 물속으로 들어갔다 나오는 침수례(浸水禮, immersion).

속회 모임/속회 리더

초기 메도디스트인들(1740년대 중반부터)은 제자도에 대한 책임을 서로에게 묻기 위해 매주 소그룹으로 나뉘어 만났다. 속회 리더는 책임 있는 제자도를 실천하는 데 있어 중요한 직책이었다.

순회

한 장소에서 다른 장소로 여행하거나 이동하는 것을 의미한다. 초기 메도디스트 설교자들은 이것을 문자 그대로 실행했다. 하지만 1800년대 후반부터 순회는 지속적 순회의 필요성이 아니라 장로를 세우기 위한 목적으로 구별된 제도를 일컫게 되었다.

시민권 운동

시민권 운동에 대한 메도디스트교회들의 참여는 사회의 성화(성결)를 강조하는 사회적 도덕성에 근거하고 모든 사람의 인권을 인정할 것을 요구하는 〈메도디스트 사회신경〉에 의해 뒷받침되었다.

신경

기독교 공동체를 대표하는 신앙 진술. 오랫동안 메도디스트인들은 사도신경을 선호했지만 20세기에 메도디스트인들은 니케아 신경도 사용하게 되었다.

신생

'중생'에 관한 설명을 참조하라.

〈신앙고백〉

연합감리교회(UMC)의 〈신앙고백〉은 그리스도연합형제교회(UB)가 1810년대에 작성한 짧은 〈신앙고백〉에서 비롯되었다. 이것은 이후 1950년대에 복음주의 연합형제교회(EUB)가 현재 형태를 부여할 때까지 확장되었다.

〈신앙에 관한 교리문답〉

존 웨슬리의 저술에서 〈교리 연회록〉(Doctrinal Minutes)으로 알려진 문서로 현재 아프리카감리교감독교회(AME)의 『장정』(Disciplines)에 포함되어 있다. 특히, 죄, 칭의, 확신, 성화(완전 성화 포함)의 문제에 관심이 있다.

실재적 임재

많은 성공회 신자가 주의 만찬에 대한 가르침을 설명하기 위해 선호하는 용어로, 성찬을 통해 전달되는 그리스도의 '실재적' 임재가 육체적인지 아니면 뚜렷한 영적 능력(효험주의)인지 명시하지 않고 있다.

심판

메도디스트 교리는 그리스도께서 우리의 최종 심판관으로 오실 것이라는 기독교 전통의 역사적 가르침을 확증한다.

아르미니우스, 알미니안/알미니안주의

메도디스트 전통이 선호한 믿음으로써 하나님은 모든 인간의 구원을 의도하셨고 그리스도는 모든 인간을 위해 죽으셨다고 가르친다.

아리우스주의

그리스도가 창조되고 일시적인(영원하지 않은) 존재이며 아버지 하나님에게 종속된다는 믿음. 이 믿음은 역사적 기독교 신앙에서 거부되었고, 니케아 신조에 표현된 삼위일체 교리는 서기 300년대에 아리우스주의에 대한 반응으로서 공식화되었다.

아프리카감리교감독교회(AME)

필라델피아에 있는 메도디스트교회(ME)에서 파생된 교단으로서 원래 리처드 앨런이 이끌었다(1780년대 또는 1790년대 파생된 뒤, 1810년대에 교단으로 조직됨).

아프리카감리교감독교회(AME)의 〈사명 선언문〉

사회 봉사 활동에 대한 메도디스트인들의 역사적 관심을 강조한 아프리카감리교감독교회(AME)의 성명서이다.

아프리카감리교성공회 시온교회(AME Zion)

뉴욕필라델피아에 있는 메도디스트교회(ME)에서 파생된 교단이다(1790년대 파생된 뒤, 1810년대에 교단으로 조직됨).

알코올

술의 남용에 대한 우려는 메도디스트 전통의 도덕적 가르침의 핵심이었다. 메도디스트교회들은 절제를 옹호해 왔으며 대부분의 경우 1890년경부터 알코올 음료를 완전히 금했다.

에큐메니컬 운동

20세기 초부터 두드러진 그리스도인의 영적 연합을 전제하고 그들의 '가시적' 연합을 추구하는 운동. 메도디스트인들은 에큐메니컬 운동에 중심적으로 관여해 왔으며 이 운동은 메도디스트교회들에 영향을 미쳤다(예를 들어, 메도디스트인들이 니케아 신경을 사용하도록 영향을 미침).

연설

메도디스트 정신의 한 측면인 개인적 도덕성은 신자들에게 하나님에 대해 경건하게 말하고 다른 사람을 존중하도록 촉구하는 연설 문제와 관련이 있다.

연옥

메도디스트 교리에서 거부된 믿음으로써, 이는 죽음과 마지막 심판 사이의 기간에 신자들의 영혼이 정화되고 또 살아 있는 사람들의 기도로 도움을 받을 수 있다고 가르친다.

연합감리교회(UMC)

1968년 감리교회(MC)와 복음주의연합형제교회(EUB)의 연합에서 파생된 교단.

연회

매년 만나는 목회자와 평신도 대표의 메도디스트 회의. 또한, 메도디스트 교단의 총회(AME, AME Zion, CME) 또는 지역총회(UMC)의 지리적 하위 분과.

열린 성찬

다른 교인들과 주의 만찬을 나누는 메도디스트교회들의 오랜 관습.

영원한 보증(eternal security)

개혁주의 전통과 침례교도들이 선호하는 믿음으로, 그리스도께서 믿는 자들이 믿음에서 최종적으로 떨어져 나가는 것을 막아 주시므로 그들의 '영원한 구원'이 보장된다는 것이다. 메도디스트 교리는 신자들이 은혜에서 떨어질 수 있다(은혜로부터의 타락)고 주장하면서 영원한 보증의 가르침을 거부한다.

영원한 생명

그리스도와 영원히 함께하는 생명. '천국'에 관한 설명을 참조하라.

예방 은총

'선행 은총'에 관한 설명을 참조하라.

예배

궁극적 또는 최종적 가치 평가의 표현. 공적 예배는 〈총칙〉(General Rules)에서 "하나님의 모든 예법" 중 하나로 정의된다.

오락

역사적으로 메도디스트 정신은 연극 관람, 춤, 운에 맡기는 승부나 놀이, 도박 등과 같은 "세속적" 오락을 금지했다.

완전 성화

메도디스트 전통의 영적 가르침인 완전 성화는 인간이 하나님의 은혜로 말미암아 하나님과 이웃에 대한 완전한 사랑에 이르는 성화 과정의 정점이다. "그리스도인의 완전"이라고도 불린다.

욕설

말이나 연설에 관한 개인적 도덕성은 욕설을 부적절하고 경건하지 않은 것으로 배제한다.

원죄

메도디스트 교리는 원죄를 실제 죄(다른 말로 하면, 자범죄)로 이끄는 모든 인간의 "본성의 부패"라고 단언한다. 또한, 메도디스트 교리는 원죄 자체가 영원한 저주를 보증한다는 서구 기독교 전통의 가르침과 믿음을 공식적으로 지지하지 않는다.

〈우리의 신학적 과제〉

1972년에 채택되고 1988년에 개정된 연합감리교회(UMC)의 교리 선언문.

웨슬리안 사변형

신학적 성찰을 위한 방법으로서 성경, 전통, 이성 및 경험의 사용을 일컫는다. 존 웨슬리 자신이 사변형을 그 자체로 인정하거나 한데 묶어 제시하고 있진 않았다. 하지만 그는 분명 성경, 이성 및 경험을 사용하면서 동시에 고대 기독교 전통의 과거 어느 한 시점을 특정하거나 참조하는 데 앞장섰다. 웨슬리안 사변형은 〈우리의 신학적 과제〉라는 연합감리교회(UMC)의 교리 선언문에서 처음으로 표현되었다.

유사(有司)

메도디스트교회들의 영구 평신도 직분(종신직). 메도디스트 전통(연합감리교회 [UMC] 제외)에서 유사는 회중의 사역을 감독하는 지속적인 책임이 있다.

유아세례

메도디스트교회들은 초대 교회의 가정세례, 어린이에 대한 예수님의 초청, 기독교 공동체에 대한 어린이의 필요를 근거로 유아세례를 확언하고 실행한다.

육체적 임재

주님의 만찬, 곧 성찬의 요소가 그리스도의 인간적이고 육체적인 임재를 전달한다고 하는 가르침으로 루터파와 일부 성공회가 선호하는 견해이다. 〈종교강령〉(Twenty-Five Articles of Religion)과 연합감리교회(UMC)의 〈신앙고백〉은 육체적 임재에 대한 믿음을 배제하는 것처럼 보이지만 찰스 웨슬리의 일부 찬송시는 주의 만찬에서 그리스도의 임재가 지니는 실재에 대해 노래하고 있다. '기념설', '실재적 임재', '효험주의', '성변화'(聖變化)도 참고할 것.

은혜

인간의 노력이나 능력과 대조되는 신적 능력. 메도디스트인들은 구원이 하나님의 은혜에 의해 이루어진다는 프로테스탄트의 주장을 계속한다. '선행 은총'을 추가 참조하라.

은혜로부터의 타락(falling from grace)

개인이 그리스도에 대한 믿음을 잃어 칭의를 상실할 수 있다는 메도디스트 교리의 비공식 용어. 존 웨슬리의 설교 〈광야의 상태〉(The Wilderness State)는 이러한 가능성을 설명하며, 이는 다른 기독교 전통에서 선호하는 영원한 보증의 가르침에 반대된다.

은혜에 대한 보편적 필요성

다른 교회의 가르침과 일치하는 메도디스트 전통의 가르침에 따르면, 인간은 스스로를 구원할 수 없으므로 모든 사람은 하나님의 은혜나 도움이 필요하다.

은혜의 보편적 가용성

메도디스트 전통의 가르침에 따르면, 하나님은 모든 인간이 구원받기를 원하시고 은혜(선행 은총)가 모든 사람에게 가능하도록 하신다.

은혜의 수단(Means of Grace)

주의 만찬, 경건한 성경 공부, 기도, 금식과 같은 수단을 포함하여 하나님이 인간에게 은혜를 전달하시는 일반적 수단 또는 통로.

의견

존 웨슬리는 그리스도인들이 교리적 표준(필수 교리)에 동의할 필요가 있지만 다른 가르침은 의견 불일치가 허용될 수 있는 "의견"으로 간주되어야 한다고 주장했다.

의복

초기 메도디스트인들의 개인적 도덕성은 단순한 옷차림을 고수했다.

이성

존 웨슬리는 신적 은혜의 도움을 받는 인간의 이성이 성경을 해석하는 데 도움이 될 수 있다고 믿었다. 〈우리의 신학적 과제〉라는 연합감리교회(UMC)의 교리적 표준은 성경을 해석하는 수단으로서 전통 및 경험과 함께 이성의 사용을 승인한다. '웨슬리안 사변형'에 관한 설명을 참조하라.

인간의 조건

메도디스트 교리는 모든 인간에게 하나님의 은혜가 필요하다고 주장한다. '원죄'에 관한 설명을 참조하라.

일요일

'주님의 날'에 관한 설명을 참조하라.

잉글랜드국교회(Church of England)

영국의 종교개혁 당시에 시작된 국가 교회. 존과 찰스 웨슬리는 잉글랜드국교회의 사제였으며 많은 초기 메도디스트 교리가 잉글랜드국교회의 교리에서 파생되었다. 잉글랜드국교회를 설명하는 형용사는 '성공회'(Anglican)다.

자선

옛 용법에서 '자선'(charity)은 신적 사랑을 의미했다. 더 구체적으로 말하면, 궁핍한 사람들을 돕는 행위를 통해 보이는 사랑이다.

자유의지

메도디스트 교리는 선행 은총의 결과로 모든 인간이 하나님에 대한 자유로운 동의의 가능성을 가지고 있다고 주장한다.

자주 또는 지속적으로 드리는 성찬

웨슬리 시대부터 이어져 온 메도디스트 전통의 영적 가르침은 주의 만찬을 자주 정기적으로 사용하도록 권장했다. 하지만 1800년대부터 메도디스트인들은 그보다 드문, 즉 매월 또는 분기별로 시행하는 성찬에 더 익숙해졌다.

장로(elder)

오래된 기독교 전통에서 집사와 주교의 직분에 더해 성임된 사역의 두 번째 '직분'(order)으로 분류됨. 메도디스트 장로들은 "말씀과 성례전과 질서"의 사역을 위해 안수를 받는다.

장사되시어 (그리스도가) 지옥에 내려가신 지

사도신경은 그리스도께서 "지옥에 내려가셨다"라고 단언한다. 일부 메도디스트인들은 지옥을 심판의 장소로 받아들였기 때문에 사도신경을 낭송할 때 이 문구를 언급하는 것 자체를 거부했다. 비록 에큐메니컬 운동의 참여를 통해 지옥의 의미에 대한 오해가 불식되고 일부 메도디스트교회들이 사도신경의 원문 형식을 복원했지만 그것을 생략하는 것이 메도디스트교회들 사이에서 일종의 관례가 되었다.

장정(또는 규율)

기독교인들이 서로의 믿음과 행동에 대해 책임을 지는 과정. 초기 메도디스트 집단에서 규율은 특히 속회 모임과 그 지도자들과 관련이 있었다. 이 개념의 중심성 때문에 메도디스트인들은 그들의 교회 질서 및 직분을 기록한 책에 『장정』(*Disciplines*)이라는 이름을 붙였다.

재헌신, 갱신

성화에 대한 메도디스트 전통의 가르침은 구주와의 관계에 대한 지속적인 재헌신 또는 갱신을 요구한다.

전통

우리가 과거로부터 소중히 여기는 것. 종교적 권위에 대한 메도디스트 전통의 가르침은 성경을 해석하는 수단으로서 기독교 전통의 가치를 인정한다. '웨슬리안 사변형'에 관한 설명을 참조하라.

절제(Temperance)

메도디스트인들은 일찍부터 독한 알코올 음료의 위험성을 인식하고 조심스럽게 통제된 소비(절제)를 권장했다. 알코올 관련 문제에 대한 인식이 높아짐에 따라 메도디스트인들은 결국 알코올의 완전한 금주를 옹호하게 되었다.

정신(ethos)

도덕적 비전이나 전망을 포함한 공동체의 생활 양식.

정의 문제

메도디스트 정신의 한 측면인 사회적 도덕성은 사회의 성화(성결)에 대한 지대한 관심을 기초로 정의에 관한 문제를 다뤘다(〈사회신경〉 참조).

정치

교회 정치의 한 형태. 이 책에서 고려하는 메도디스트교회들은 모두 감독 정치를 가지고 있다.

존 웨슬리(1703-1791)

성공회 사제, 찰스 웨슬리의 형제. 그는 잉글랜드국교회 내에서 메도디스트 운동을 창시했다.

〈종교강령〉

종교에 관한 25개 조항은 아프리카감리교감독교회(AME), 아프리카감리교성공회 시온교회(AME Zion), 그리스도교감리교회(CME), 연합감리교회(UMC) 교단의 교리적 표준이다. 이 25개의 조항의 현재 형태는 잉글랜드국교회의 39개 조항 중 존 웨슬리가 요약한 24개 조항에서 파생한 뒤 1784년에 열린 메도디스트 교회(ME)의 크리스마스 총회를 통해 개정을 거친 것이다. 부록에 주어진 텍스트 참조.

죄

메도디스트인들은 인류 안에 있는 죄의 보편성('은혜에 대한 보편적 필요성' 참조), 칭의(용서 포함)를 통한 죄로부터의 치유 또는 구원의 가능성, 그리고 성화(남아 있는 죄를 이기기 위해 하나님이 주신 권능 포함)를 주장한다.

주님의 날

메도디스트인들은 역사적으로 〈총칙〉(General Rules)에 명시된 대로 일요일을 쉬는 날로 지켰다.

주의 만찬

메도디스트인들은 주의 만찬(성찬 또는 성체성사라고도 함)을 그리스도께서 제정하신 두 가지 성례전 중 하나로 거행한다(고전11:20 참조).

중생

우리가 그리스도 안에서 생명으로 거듭나게 하는 하나님의 은혜로운 행위(라틴어 *regeneratio*, '신생').

지방감리사

'감리장로'에 관한 설명을 참조하라.

지역장로

한 지역의 특정 상황에 맞게 성례전을 거행하고 설교할 권한을 부여받은 안수장로.

지옥

가장 넓은 의미에서, 지옥은 반드시 심판을 의미하지는 않는 죽은 자의 장소이다. 그래서 사도신경도 그리스도의 지옥 강림을 확증한다. 그러나 엄밀한 의미에서, 지옥은 저주받은 자들이 그리스도와 성도들과의 영원한 교제로부터 분리되는 심판의 장소이다. '천국'과 '영원한 생명'을 추가 참조하라.

직분(또는 질서)

이 용어(order)는 두 가지 관련된 의미로 사용된다. 첫째, 성임된 사역의 특정한 형태, 즉 집사와 장로의 직분. 둘째, 기독교 공동체의 삶을 질서화하거나 규율(훈련)하는 장로(감독 포함)의 역할.

집사/여성 집사

역사적으로 메도디스트 전통의 집사(deacon)들은 장로(elder)의 일로 성임된 사역을 준비하는 사람들이었다. 연합감리교회(UMC)에는 이제 종신집사 제도가 있다. 여성 집사는 (아프리카감리교감독교회[AME]에서) 특별한 사역, 특히 사회 봉사를 위해 성별된 여성이었다.

찬송시/찬송가

웨슬리 시대 이후로 메도디스트 교리는 찬송시나 찬송가에서 표현되고 가르쳐졌다. 심지어 찬송가의 개요조차도 교리적 내용을 전달한다.

찰스 웨슬리(1707-1788)

성공회 사제, 존 웨슬리의 형제. 그는 메도디스트의 영적, 사회적 가르침을 설명하는 수천 편의 찬송가와 시를 기고했다.

천국

그리스도와 믿음 안에서 죽은 자들과의 영원한 교제. '영원한 생명'과 '지옥'도 참조하라.

청지기직

하나님께서 우리에게 주신 축복을 신중하고 책임감 있게 사용한다. 메도디스트인들은 돈과 다른 소유물을 주의 깊게 관리하도록 권장한다.

〈총칙〉

1743년 존과 찰스 웨슬리가 메도디스트의 정체성을 유지하기 위한 기초로 제정한 규칙이다. 총칙은 아프리카감리교감독교회(AME), 아프리카감리교성공회 시온교회(AME Zion), 그리스도교감리교회(CME), 연합감리교회(UMC)에서 교리적 표준으로 보호된다. 부록에 주어진 텍스트 참조.

총회

아프리카감리교감독교회(AME), 아프리카감리교성공회 시온교회(AME Zion), 그리스도교감리교회(CME), 연합감리교회(UMC)에서 총회는 최고 대표 모임 또는 회의이며 교단의 역사적 교리 표준을 변경할 수 있는 유일한 기구이다.

츠빙글리안주의

'기념설'에 관한 설명을 참조하라.

칭의, 칭의 은총

칭의는 인간을 하나님과의 올바른 관계로 회복시켜 죄를 용서하는 하나님의 은혜로운 행위다. 칭의 은총은 이 은혜로운 행위를 성취하는 하나님의 능력이다. 메도디스트 교리는 우리의 칭의가 믿음을 통한 은혜에 의한 것이라고 주장한다.

평신도 설교

메도디스트 운동은 1740년대부터 평신도 설교자 제도를 사용해 왔다. 웨슬리는 평신도 설교자들이 안수 받은 목사들과는 다른 "비범한 사역"을 하고 있다고 주장했다. 메도디스트교회들은 평신도 또는 "지역" 설교자를 훈련하고 고용했으며, 이 관습이 보편적인 것은 아니지만 때때로 그들에게 지역 회중의 목사로서 성례전을 거행할 수 있는 권한을 주었다.

필립 윌리엄 오터바인(1726-1813)

그리스도연합형제교회(UB)의 창시자였던 독일 개혁파 목사.

하나님

삼위일체 교리를 포함하여 하나님에 대한 메도디스트 전통의 가르침은 대체로 다른 기독교 전통의 가르침과 일치한다.

하나님을 지칭하는 성 인지적(gender-specific) 언어

하나님이 "몸이나 부분이 없다"는 믿음(제1조)은 하나님에 대한 전통적 언어가 매우 남성적이라는 사실에도 불구하고 하나님과 관련하여 특정 성별을 인지하게 만드는 언어 사용을 문제시한다. 현재 많은 그리스도인이 성 인지적(gender-specific) 언어의 문제를 일으키지 않으면서도 하나님을 설명할 수 있는 언어(특히, 삼위일체를 설명하는 언어)를 분별하고자 노력 중에 있다.

하나님의 사랑

하나님에 대한 메도디스트 전통의 가르침은 모든 인간에 대한 하나님의 사랑 또는 자비를 강조한다.

하나님의 왕국(나라)

그리스도인들이 기대하는 하나님의 통치.

하나님의 인격적 본성

메도디스트 교리, 찬송가, 영적 가르침은 하나님의 객관적 능력에 더하여 하나님의 인격적 본성을 강조한다.

하나님의 통치

'하나님의 왕국(나라)'에 관한 설명을 참조하라.

확신

메도디스트 전통의 역사적 가르침은 어떤 사람이 의롭게 될 때(칭의) 그들 자신의 죄가 용서함을 받았다고 하는 확신을 하나님께로부터 받는 경험을 한다고 주장한다.

회개

메도디스트 전통의 영적 가르침에 따르면 그리스도인의 삶은 회개(선행 은총에 의해 초래됨)로 시작되며 성화 과정에는 남아 있는 죄에 대한 지속적인 회개가 포함된다.

회의(또는 대회)

최초의 메도디스트 회의(conference)는 문자 그대로 그들 자신의 영성과 메도디스트 운동의 사명에 대해 함께 '협의'하는 기회를 제공했으며, 결국엔 연회와 총회를 포함하는 보다 정교한 구조로 발전했다.

효험주의

떡과 포도즙의 요소가 마치 그리스도가 육신으로 임재하시는 것처럼 독특한 영적 능력(라틴어, *virtus*)을 전달한다는 가르침. 이 가르침은 〈종교강령〉(Twenty-Five Articles of Religion)과 일치하며 주의 만찬에서 "능력"("신성한 능력"을 의미)이라는 용어는 찰스 웨슬리의 찬송가에 표현되어 있다. '육체적 임재', '기념설', '실재적 임재', '성변화'(聖變化)를 추가 참조하라.

CLC 도서 소개

성령의 제국 감리교
(Methodism EMPIRE OF THE SPIRIT)

데이비드 햄튼 지음 | 이은재 옮김 | 신국판 양장 | 391면

감리교의 발흥에 관한 생생한 역사를 다루고 있는 이 책은 1730년대 영국에서 그다지 가망성이 보이지 않았던 출발로부터 시작해서 1880년대 국제적으로 그 중요성을 인정받기까지 감리교 운동의 발달 과정을 입체적으로 보여 준다. 이 책은 감리교의 현상적 성장을 영국과 웨일스를 넘어 미국과 전 세계에 펼쳐진 여정을 따라 탐구하며, 왜 감리교가 폭넓게 호소력을 가질 수 있었는지에 대한 복잡한 이유들을 찾았다.